억만장자 12명의 비밀

억만장자 12명의 비밀

김정수 지음

자수성가 억만장자들의
통찰력과 비책은 무엇일까?

중앙경제평론사

12번째 낙타를 찾아라

다음 이야기는 어디선가 한번쯤 들어봤을 것입니다.

아버지가 세상을 떠나면서 세 아들에게 낙타 11마리를 유산으로 물려준다. 그러면서 큰아들에게는 2분의 1, 둘째 아들에게 4분의 1, 막내아들에게 6분의 1로 나눠주라는 유언을 남긴다. 문제는 11이 2로 나눠지지 않는다는 것이다. 물론 4로도, 6으로도 나눠지지 않는 것은 같다. 혹시 낙타를 나누기 위해 자르기라도 한다면 그것은 낙타 고기일 뿐, 낙타는 아닐 것이다.

머리를 싸매고 고민하고 있는 난감한 형제들을 구원한 것은 마침 낙타를 몰고 지나가던 '현명한 나그네'였다. 그는 자신이 몰던 낙타 1마리를 빌려줄테니 싸우지 말고 사이좋게 유산을 나누라고 말한다.

12마리가 되자 큰아들 6마리, 둘째 아들 3마리, 막내아들 2마리로 각각 나눠 가진다. 그렇게 나눠 가져도 1마리가 남게 되었다. 그러자 나그네는 남은 1마리를 돌려받아 가던 길로 유유히 떠나간다.

이 재미있는 이야기의 교훈은 '어떤 일이든 핵심, 즉 맥이 있으며 그것을 찾는 것이 성공의 본질이다'쯤으로 정리할 수 있을 것 같습니다. 물론 12번째 낙타가 있었는지, 없었는지는 중요한 것이 아닙니다. 12번째 낙타가 없었다면 해피엔딩의 결과로 끝나지 않았을 수도 있었다는 것이 핵심입니다.

이 책은 부자에 관한, 아니 부자가 되고자 하는 사람들에게 도움을 주고자 쓰여졌습니다. 모델이 된 주인공들은 주로 밑바닥에서 출발해 자수성가로 억만장자가 된 분들입니다. 하나같이 드라마틱한 삶의 주인공들입니다. 억만장자라는 수식어에 걸맞게 화려합니다.

'택배 배달원'부터 시작해 현재 중국 3번째 부자가 된 왕웨이(王衛), 파산 직전의 아버지 회사를 물려받아 "당신이 빚을 다 갚으려면 최소 80년은 걸릴 것이다"라는 빈정거림 속에서 16년 만에 모든 빚을 갚고 화려하게 재기한 감동적인 유자와 쓰요시의 이야기도 있으며, 35달러(약 5만 원)로 35조 원의 가치를 만든 필 나이트의 엄청난 성공 스토리도 있습니다.

미리 받은 '혼수 자금'으로 프로축구 구단주가 된 미셸 강의 이야기도 그렇지만 더 극적인건 옌빈(嚴彬)입니다. 그는 매혈(賣血), 즉 피를 팔아서 하루하루를 생존했던 소년에서 드디어 중국 8번째 부자에 오릅니다. 세탁소 알바로 생활비를 벌다가 세계 최고의 베스트셀러 작가가 된 스티븐 킹, 챗GPT로 새로운 역사를 만든 샘 올트먼의 이야기도 있으며, 고아원(孤兒院)에서 커야 했던 소년에서 이탈리아 최고 부자가 된 델 베키오 사연에 이르면 전율을 느끼기까지 합니다.

'신 연금술'이라는 진주 양식 성공으로 세계를 장악한 미키모토 고키치, 매홀 버디를 잡는다는 '비전(Vision)54'를 목표로 '골프 여제'로 등극한 안니카 소렌스탐, 자전거 하나로 세계를 석권한 킹 리우, 그리고 파산으로 자살한 아버지를 극복하여 세계 24번째 부자가 된 테드 터너까지 등장합니다.

이렇게 소개를 하는 이유는 그들이 엄청난 부자이기 때문이 아닙니다. 오히려 억만장자가 된 요인이나 과정, 방법을 공부함으로써 어떤 통찰력을 얻고자 함입니다. 중요한 것은 그들이 부자인 것이 아니라 이 책을 읽는 여러분이 그들처럼 부자가 되는 것입니다.

이때 필요한 것이 '12번째 낙타'입니다. 나그네에게 11마리 낙타는 자기 것이 아니었지만 그는 자기 낙타(12번째)를 이용해 성공적인 분배에 도움을 줍니다. 이 책은 그런 역할을 위해 집필되었습니다.

독자들의 '부자라는 작품'을 만드는 데 아이디어를 제공하려는 목적입니다. 말하자면 통찰력을 자기 것으로 만드는 데 '나그네 역할'을 충실히 하려는 것입니다. '12번째 낙타'의 역할입니다.

앞에 소개한 억만장자들의 여정을 보면 결코 현실에 만족하지 못한다는 공통점이 있습니다. 물론 좋은 여건에서 출발한 분들도 있지만 거의 흙수저, 아니 무(無)수저로 출발하여 자기가 꿈꾸는 모든 것을 가진 영향력 있는 사람이 됩니다. 말하자면 스타트 라인에 선 조건이 아니라, 자기 인생의 주인공이 되겠다는 그의 꿈이 그런 결과를 야기합니다. 이런 얘기가 됩니다.

> "노예가 노예로 사는 삶에 너무 익숙해지면 놀랍게도 자신의 다리를 묶고 있는 쇠사슬을 서로 자랑하기 시작한다. 어느 쪽의 쇠사슬이 빛나는가? 더 무거운가?"
>
> – 리로이 존스(미국 극작가)

이해되시나요? 자기의 삶에 치열한 고민 없이 그 자리에 안주한다면 삶이 편안할 수도 있을 것입니다. 물론 아무리 편안해도 노예가 되려고 하는 사람은 없으며, 누구나 자기 삶의 주인공이 되려고 합니다. 그러나 유감스럽게도 모두가 주인공이 되는 행동을 하는 것은 아닙니다. 그렇기에 주인이 한 명이면 좋은 훨씬 많은 것입니다.

물론 삶의 주도권을 자기가 행사하는 일이 쉽지 않기에 열심히 해야 하는 것은 당연합니다. 이렇게 부자가 되려고 하고 또 그에 걸맞은 행동을 할 의지가 있다면 이제 필요한 것은 역할 모델일 것입니다. 앞서 나가거나 이미 훨씬 앞에 있는 사람들에게서 아이디어나 영감을 얻어 자기 것으로 만들어야 합니다.

그러한 때에 이 책이 도움이 될 것입니다. 12명의 억만장자들의 성공담을 잘 읽고 행간에 주어진 내용까지 흡수할 수 있다면 큰 통찰력을 얻을 수 있을 것입니다.

그 결과 지금 가진 것이 없어도 부자가 될 수 있다면 축하할 일입니다. 물론 현재 부자라고 해도 더 부자가 되는 것에 불만은 없을 것입니다. 어떤 경우든 원하는 것을 얻어 주인공의 삶을 살게 되었다면 저자는 역할을 다한 것입니다. 독자 제현의 건투를 빕니다.

김정수

[차례]

1원짜리로부터
무한대의 가치를 찾아내라

:

"열심히와 최선이 답은 아니다. 개념 정리와 가치에 대한
고민 없이 무턱대고 하는 열심히는 무모함이고 객기일 뿐이다.
가치의 의미를 모르거나 가치를 개선시키는 방법을
고려하지 않는 사람이 큰 성취를 하는 것은 어렵다."

－《백만장자 연금술》

왕웨이는 직원을 가장 존중하는 CEO로 알려져 있다.
'직원을 기업 최대 자산'으로 여기며 '가치'에 대한 개념이 분명한
그의 경영철학은 순펑(SF익스프레스) 성공의 핵심 요인이다.

★ ☆ ★ ☆

Have a nice day [1]

오늘은 가치에 대한 주제, 즉 '성취를 원하면 열심히 보다는 가치를 개선시켜라'라는 이야기를 해보겠습니다.

현대는 변화의 속도가 너무 빨라 뒤따라가기도 현기증 나는 시대입니다. 예전의 '파레토의 법칙(20 대 80 법칙)'은 기억도 까마득한 옛이야기이고, 얼마 전까지는 '5 대 95 법칙'을 얘기했는데 지금은 '1 대 99 법칙'이 오히려 더 편하게 받아들여집니다. 사회 구성원의 1%가 99%를 갖고 있고, 99%가 나머지 1%를 서로 많이 갖겠다고 싸우고 헐뜯고 있다는 의미지요.

물론 과장된 표현일 수도 있으나 무시하기에는 엄혹한 현실임은 분명합니다. 이런 상황이므로 가치를 알아본다는 것의 중요성은 아무리 강조해도 지나치지 않습니다.

혹시… '백자 청화철채동채초충문 병(白磁 靑畵鐵彩銅彩草蟲文 甁)'이라는 긴 이름을 들어보셨나요?

조선 후기, 1700년대 전반에 만들어진 한국의 청화백자로, 현재는 간송미술관에 소장되어 있으며 대한민국 국보 제294호로 지정되어 있지요. 이 보물이 등장하게 된 계기가 드라마틱합니다.

1920년대(일제 강점기) 경기도 팔당 인근에서 고기잡이를 하며 나물과 참기름을 팔아 생계를 잇던 노부부가 있었습니다. 어느 날 할머니가 야산에서 나물을 캐다가 흰색 병을 발견했습니다. 목이 길어 참기름을 담기에 안성맞춤인 병이었습니다.

할머니는 필요할 때마다 그곳에서 병들을 주워 참기름병으로 사용했습니다. 그곳에는 병이 많았는데 사실 할머니가 병을 발견한 곳은 조선시대에 왕실용 자기를 생산했던 사옹원 분원 가마터였습니다.

우연히 병을 발견한 할머니는 병의 목이 길어 참기름을 담기에 좋다고 생각했고, 야산에서 주워 온 흰색 병에 참기름을 담아 중간상인에게 1원씩 받고 넘겼습니다. 자신이 직접 짠 참기름을 병에 담아 상인에게 1원을 받고 판매했던 것입니다.

그것을 구입한 중간상인은 약간의 마진을 붙여 광주리장수인 개성댁에게 참기름을 팔았으며, 개성댁은 다시 참기름이 든 병을 경성 진고개에 사는 일본인 단골 부부에게 가져갔습니다.

병에 마음이 간 일본인 부인은 개성댁에게 병값으로 1원 더 쳐주며 5원에 참기름을 구입했습니다. 이때가 1920년 초였습니다. 그 일본인 부인의 남편인 무라노는 골동품상이었는데 병의 가치를 알아본 그는 참기름병이 조선백자임을 알아보고 이것을 다른 골동품상에게 60원이라는 큰돈에 넘겼습니다.

말하자면 병의 가치를 알아본 건 당시 서울에 살던 한 일본인 골동품상이었습니다. 부인이 구매한 병이 조선백자임을 알아본 그는 큰 이득을 남기고 다른 골동품상에게 이를 다시 팔았던 것입니다.

얼마 후 백자는 스미이 다쓰오라는 조선백자 수집가에게 다시 600원에 팔렸습니다. 스미이는 1932년 일본으로 돌아가기 전에 참기름병을 경성미술구락부 경매에 출품했고, 경매에서 그 백자는 모리 고이치라는 수집가에게 3,000원에 낙찰됐습니다.

세월이 흘러 참기름병은 조선백자로서는 역대 최고가를 기록하며 다시 팔립니다. 경성미술구락부 경매에서 14,549원에 낙찰됩니다. 이때가 1936년이었습니다. 이 참기름병을 마지막으로 손에 넣은 사람은 우리나라 최초의 사립미술관인 보화각(간송미술관)을 세운 간송 전형필로 알려져 있습니다.

낙찰액 14,549원은 당시 경성의 한옥 15채에 해당하는 거금이었습니다. 이후 이 참기름병은 1997년 '청화철채동채초충문 병'이라는 긴 이름을 얻었고, 우리나라 국보로 지정됐습니다. 드디어 '1원짜리 참기름병'은 우리나라 보물(국보)이 됩니다.

처음에는 1원에서 시작하였지만 5원, 60원, 600원, 3,000원, 14,549

원을 거쳐 무한대의 가치(국보)로 평가받게 됩니다. 말하자면 무한대의 가치를 지닌 참기름병이 단 1원에 판매가 되었던 것입니다.

　결국 아무리 소중한 문화 유물이라도 그것을 알아보는 안목이 없다면 무용지물(無用之物)인 것이지요. 환산이 불가능한 최고의 보물이라도 그 가치를 모르면 홀대를 받거나 어둠 속에 방치됩니다.

　사람도 마찬가지입니다. 자신이 지닌 가치를 자기가 제대로 평가하는 경우는 드뭅니다. 그러다 보니 가치 극대화라는 말은 공허한 슬로건으로 끝나지요. 이렇게 가치의 의미를 잘 모르거나 가치를 개선시키는 방법을 모르는 사람이 성공의 주인공 혹은 부자가 되는 것은 어렵습니다. 우연히 될 수도 있겠으나 그야말로 우연입니다.

　그 결과로 대부분의 현대인은 경제적 속박에서 벗어나지 못합니다. 그렇기에 안타깝게도 관뚜껑을 덮는 순간까지 '나는 돈이 필요없다'고 자신 있게 말할 수 있는 사람은 거의 없습니다.

　AI가 등장하고 챗지피티(ChatGPT)가 답을 알려주는 세상, 변화의 속도가 무서운 요즘 같은 세상에서 가장 인간다운 능력은 상상력일 것입니다. 기술이 발전하고 변화가 심할수록 점점 더 상상력이 지식보다 중요한 시대가 되어가는 것이지요.

　지금까지 역사가 증명하듯 현실에서 늘 새로운 상상을 하면서 머릿속에 세세한 그림을 그려가면 그 모습이 언젠가 현실이 됩니다.

이 부분이 바로 인간이 가진 상상력의 가치일 것이고, 더 나아가 끊임없이 나 자신과 세상에 질문을 던져야 하는 이유입니다.

각도를 달리해서 볼까요. 앞에서 '5 대 95 법칙'을 얘기했습니다. 예컨대 1% 정도의 창의적인 사람이 있다고 가정해 보겠습니다. 그들은 다른 사람이 보지 못하는 것을 보고, 다른 사람이 생각하지 못하는 것을 생각합니다. 그 결과로 그들은 다른 사람이 꿈꾸지 못한 것을 꿈꾸고 다른 사람을 리드합니다.

다음으로 4% 정도의 통찰력과 직관을 갖춘 안목 있는 사람들이 있습니다. 그들은 앞서서 선도하는 사람들의 움직임과 내용을 알아보고 뛰어듭니다. 그러고는 1%와 한배를 타고 등을 밀면서 그들 역시 꿈꾸는 것을 이뤄냅니다. 나머지 95% 정도는 우리가 흔히 평범하다고 표현하는 부류입니다.

물론 평범함이 나쁘다거나 폄하하는 것은 아닙니다. 가치와 본질을 이해하는 정도를 얘기하는 것입니다. 앞의 참기름병을 1원이나 5원보다는 60원, 3,000원에 팔 수 있는 안목을 갖추는 것을 얘기하는 것이지요. 가치를 찾고 자신의 가치를 올려야 합니다.

어떤 일의 가치를 알아보지 못하는 95% 평범자들은 어쩔 수 없이 앞선 자들의 성공을 위한 도구이자 들러리로 그들이 흘리는 부스러기에 만족해야 합니다. 그 결과 그들에게 성공은 신기루이며 이룰 수 없는 꿈입니다. 결국 이런 얘기가 됩니다.

"가치를 알아본다는 것은 정말 중요하다. 원래 가진 참기름병의 가치 혹은 그런 가치를 알아보거나, 만들어내거나, 개선하는 것이 필요한 것이다. 아무리 보물이라도 그 가치를 모르면 의미가 없다."

앞서의 '5 대 95'라는 표현이 조금 거슬릴 수도 있을지 모르겠으나 그 내용 자체는 움직일 수 없는 팩트입니다. 그러면 '나는 어떤 부류에 속하는가?'가 중요하겠네요. 사실 1%는 아니더라도 4%에는 속해야 되지 않겠습니까? 성공과 부자가 신기루처럼 이룰 수 없는 꿈이 아니라 내 손 안에 있어야 하지 않겠습니까?

결국 요점은 이렇습니다. 세상의 문제는 무턱대고 열심히 노력하고 최선을 다하는 것이 답이 아니라는 것입니다. 개념 정리와 가치에 대한 고민 없이, 방향에 대한 고려 없이 무턱대고 하는 열심, 노력, 최선은 무모함이고 그 자체로 객기일 뿐입니다.

가령 에베레스트산을 오르려 하면 루트를 제대로 찾고 베이스캠프에서 쉬어가면서 올라야 정상에 오를 확률이 높지 않겠습니까? 그것이 시간을 줄이고, 실수를 줄이고 실패를 줄이는 가장 확실한 방법이겠지요. 같은 논리로 가치의 의미를 모르거나 개선시키는 방법을 고민해보지 않은 사람이 무언가를 성취할 수는 없을 것입니다.

왕웨이

'택배 배달원'부터 시작해
중국 3번째 부자가 되다

"인생에 99%는 통제할 수 없는 일들이고,
통제 가능한 1%는 일을 대하는 태도이다.
목숨을 걸고 노력하다 보면 성취 여부에 관계없이
평안한 마음이 되고 성공은 자연스럽게 따라온다."
– 왕웨이(SF익스프레스 회장)

'택배 배달원'에서 출발하여 '중국 택배왕'이 된 중국 3번째 부자, 홍콩 염색공장에서 일하던 염색공 청년, 알리바바의 마윈(馬雲) 회장이 가장 존경한다는 인물, 고졸 학력의 무(無)수저에서부터 성장한 자수성가형 부호, 《포브스》지에 의해 2023년 5월 기준 재산 202억 달러로 전 세계 부호 순위 81위에 올라 있는 인물, 엄청난 시장인 중국의 택배업계를 석권한 거물, 제2의 마윈 등등.

이것은 질주하는 중국 최대 택배업체 순펑(順豊, SF익스프레스)의 왕웨이(王衛) 회장에 대한 간략한 소개이다.

중국은 우리나라보다 약 100배 넓고, 인구도 14억 명이 넘는다. 그런 이유로 온라인 쇼핑은 택배업의 중요한 성장 동력이다.

예컨대 유명한 중국판 블랙 프라이데이인 광군제의 온라인 쇼핑 할인행사는 매년 11월 11일에 개최된다. 이때 알리바바 그룹이 운영하는 해외 직구 온라인 쇼핑몰 티몰에서만 하루에 100조 원이 넘는 매출을 올린다.

다른 쇼핑몰까지 하면 천문학적인 매출이 일어나고 곧이어 택배 전쟁이 벌어진다. 광군제 당일 15억 개 이상의 택배와 소포 배송 주문이 이루어지는 것이다. 이것을 담당하는 가장 큰 택배 회사가 순펑이므로 유행어처럼 회자되는 다음과 같은 말은 정확한 표현이 된다.

"길은 마윈(馬雲)이 만들고, 돈은 왕웨이(王衛)가 번다."

고졸의 가난한 염색공장 '배달원'에서부터 시작한 왕웨이는 1993년 22세의 나이 때 부친에게서 빌린 900만 원을 밑천으로 사업을 일궈 '중국 최고의 택배왕'이 되었다. 중국의 급성장에 편승한 덕에 그의 회사 순펑은 2017년 선전 증권거래소에 상장되었으며, 2023년 기준으로 시가총액은 360억 달러가 넘는다.

왕웨이는 사업과 기업가 정신에 큰 기여를 한 것으로 평가받고 있는데, 2013년에는《포브스 차이나》에 의해 '올해의 기업가'로 선정되었고, 2017년에는 200억 달러 이상의 순자산으로《포브스》억만장자 목록에 포함되었다.

그는 택배 회사인 SF익스프레스의 경영자이면서 항공에도 관심이 높아 60여 대의 화물 항공기를 운영하는 중국 최초의 민간 화물 항공사인 SF항공의 공동 설립자이기도 하다.

"나는 고등학교를 졸업한 후에 삼촌의 염색공장에서 '배달원'으로 시작했다. 처음 시작은 미미했다. 그러나 곧 발전하는 중국의 택배 시장에서 '택배왕' 소리를 듣게 되었다."

왕웨이는 1971년 상하이(上海)에서 태어나 7세 되던 해 부모를 따라 홍콩으로 이주했다. 집안이 가난했던 그는 고등학교를 졸업한 후 염색공장에서 임시직으로 일하며 일찌감치 생계 전선에 뛰어든다. 홍콩과 광둥 지역을 오가면서 친구나 지인들의 물품을 무료로 운반해주기도 하였지만 이때 염색직물 샘플을 배송하는 일을 한 것이 순평 창업의 밑거름이 됐다.

1992년 덩샤오핑(鄧小平)이 주창한 개방정책으로 홍콩의 제조공장 약 8만 개가 중국 본토로 이주했고, 이 중 다수가 광둥 지역에 자리를 잡았다. 당연히 홍콩과 중국을 잇는 물류 업무가 폭발적으로 늘어나게 된다.

그런데 홍콩과 광둥 지역은 관세 지역이 서로 다른 탓에 우편을 통한 서류와 소포의 이동에 많은 시일이 소요되었고, 소포를 직접 전달해주는 시스템이 절실하게 되었다.

왕웨이는 처음에는 큰 생각 없이 시작했지만 직접 소포를 짊어진 채 오토바이를 타고 홍콩과 중국을 오가는 배송 사업을 하며 생각이 바뀌게 된다. 기업들이 그에게 소포 물량을 맡기고 비용을 지불하는 현상을 보며 그는 자기가 잘할 수 있는 그 일이 미래의 큰 사업이 될 수 있음을 직감하게 된 것이다.

왕웨이는 부친에게서 빌린 10만 홍콩 달러(약 900만 원)를 밑천 삼아 친구 5명과 함께 광둥성에서 순펑(順豊, SF익스프레스)을 창업한다. 그때가 나이 22세로 1993년이었다.

그는 2~3일 걸리던 배송시간을 당일로 앞당기고 '박리다매'를 통한 가격 경쟁력까지 확보하며 고객을 빠르게 늘려간다. 저렴한 가격에 신속한 배달까지 겸하자 순펑은 급속히 성장했다. 1993년경에는 지금처럼 대도시가 아니었던 심천 사람들은 작은 오토바이에 산처럼 짐을 높게 싣고 거리를 질주하는 이 청년의 모습을 하루 종일 볼 수 있었다고 기억한다.

왕웨이는 곧 광둥 지역 소포 운반의 70%를 책임지는 등 엄청난 성장세를 보인다. 그 결과 3년 만에 20여 개 성과 직할시, 101개 지방급 도시(地級市)로 영역을 넓혔고, 1997년경에는 선전과 홍콩 지역의 물류시장을 독점하게 된다.

창립 당시 6명에 불과했던 직원은 2020년 기준 10만 명 이상으로 늘어났고, 매출액은 천문학적으로 늘어나 2017년 순펑이 상장할 때

쯤에 왕웨이 회장은 당시 텐센트 마화텅 회장을 제치고 중국 대륙 부호 3위에 등극하게 된다. 그는 '경영은 사람'이라고 말한다.

"경영이란 결국 인재 경영이고, 기업 최대의 자산은 직원이다."

그 말처럼 왕웨이는 직원을 가장 존중하는 CEO로 알려져 있다. '직원을 기업 최대 자산'으로 여기는 그의 경영철학은 순펑 성공의 핵심 요인으로 꼽힌다. 말하자면 '가치'에 대한 개념이 분명했다.

그는 늘 '기업의 최대 자산은 직원이다'라는 경영철학을 고수하면서 그 철학에 맞게 직원들에 대한 대우 역시 동종업계보다 훨씬 높은 수준으로 제공한다. 또한 우수 직원을 시상할 때에는 90도로 허리를 굽혀 인사를 하는 등 직원을 가장 중요하게 여기는 그의 모습을 변함없이 볼 수 있다.

그의 직원 사랑은 베이징에서 발생한 '갑질 사건'을 통해 입증된 바 있다. 사건의 내막은 베이징시의 부유층이 사는 아파트 단지에서 SF익스프레스 배달원의 차와 그곳에 사는 중년 남성의 승용차가 가벼운 접촉사고를 냈다.

중년 남성은 차에서 내려 20대 초반의 배달원의 뺨 6대를 때렸다. 사과를 하는데도 계속 때리며 욕을 했는데, 이 모습을 지나가는 시민이 동영상으로 촬영해 웨이보(微博)에 올렸다. 이는 중국 네티즌들 사이에서 엄청난 공분을 샀다.

이 기사를 본 순펑그룹 왕웨이 회장은 분노하며 즉각 경찰에 조사를 요청하고 사내 비상사태를 선포하였다. 당시 왕웨이 회장이 울분에 차서 SNS에 올린 글은 이렇다.

"우리 회사 직원의 잘못 여부를 떠나서, 우리 직원을 때리고 욕을 하며, 무시한 행위는 도저히 용서할 수 없다."

더 나아가 '가해자를 철저히 조사하여 처벌받도록 하겠다. 협상은 없다'고 하면서 '이 사건을 끝까지 해결(추궁)하지 않으면 나는 더 이상 SF익스프레스의 회장이 아니다'라고 선언한다. 이 글은 중국의 인민들을 감동시켰다. 결국 택배 직원을 폭행한 그 중년 남성은 처벌을 받고 해당 직원에게도 고개 숙여 사과했다.

이 사건은 진정한 리더십이 무엇인지를 몸소 보여줬다는 평가와 함께 왕웨이라는 기업인을 새롭게 조명하는 계기가 된다. 순펑의 성장과 동시에 왕웨이는 중국 젊은이들이 가장 존경하는 CEO 중 한 명으로 등극했다.

물론 그런 존경심은 그의 성공 때문만이 아니라 그의 성품 때문임은 두말할 필요가 없다. 예컨대 자기 직원의 폭행사건에 대처하는 그의 자세가 큰 호응을 받은 것이다.

그의 생각, 즉 직원이 최대의 자산이라는 마인드는 직원들이 곧 고객들에게 최상의 서비스를 제공하는 근원이 된다. 광활한 중국 대륙에서 압도적인 물류를 책임지고 있는 순펑의 중심에는 인간 본위 철학을 가진 CEO 왕웨이가 있는 것이다. 순펑의 연례대회에서 왕웨이 회장이 강조하는 것을 들어보면 그의 경영철학을 엿볼 수 있다.

> "여러분에게 보여주려는 건 비행기 몇 기를 보유하고 있는지, 시장점유율과 매출이 얼마나 되는지, 업종 1위 여부인지가 아니다. 여러분이 행복과 성취를 얻도록 하는 게 내가 진정으로 원하는 것이다."

1993년 광둥성에 작은 사무실을 차려놓고 직접 오토바이를 몰며 택배업을 시작한 이래 순펑은 중국에 45,000여 개 지점을 두고, 해외 200여 개국을 커버하며 60기가 넘는 화물기와 15,000여 대의 화물트럭을 운영하고 있다고 한다. 중국의 택배왕이 되면서 왕웨이는 중국 최고 부자 자리까지 넘보는 인물이 됐다.

알리바바 창업자 마윈 회장은 그를 가장 존경하는 인물이라고 했다. 기층(基層)에 속한 34만 명에 이르는 직원들을 큰 문제없이 관리하고 있다는 이유에서다. 게다가 현대 중국 젊은이의 우상인 마윈 자신이 만나보고 싶다는 것이다. 더 이상 인물에 대한 평가는 필요 없을 것 같다.

그러면 순펑을 키운 비결은 뭘까? 물론 전자상거래 급증으로 택배 수요가 덩달아 늘었기 때문이다. 그러나 왕웨이의 경영을 들여다보면 실무중시형 경영과 일본 경영의 신으로 불리는 이나모리 가즈오의 불교 경영이 오버랩되기도 한다. 어쨌든 오토바이를 몰며 택배업으로 시작한 왕웨이의 성장 요인은 몇 가지로 정리해 볼 수 있다.

첫째, 기회를 포착하고 그것에 정확하게 편승했다.

인터넷과 모바일의 보급 이후 급성장한 대표적인 사업이 택배업이다. 중국 역시 인터넷과 모바일의 보급과 이에 따른 택배업의 대폭발이 있었고 이런 흐름에 절묘하게 올라탄 덕분이다.

현재 중국의 인터넷 가입자는 7억 3,000만 명, 모바일 가입자는 13억 2,000만 명 정도로 엄청난데 이들이 택배업을 연평균 40%씩 성장하는 초고성장 산업으로 탈바꿈시켰다. 2006년 이후 10년 만에 중국의 온라인 택배 물량은 31배가 늘었고 업계 전체의 종사자 수는 200만 명을 넘었다.

당시 중국 GDP는 대략 5~6%대 성장일 때 택배업은 연평균 40%씩 성장하는 초고성장 산업이고 이에 적절히 편승한 것이다. 인터넷과 모바일의 발달이 왕웨이의 엄청난 성공의 발판이 된 것이다.

둘째, 외부에 흔들리지 않는 실무경영을 들 수 있다.

중국 특유의 허풍과 과장을 배제한 실무중시 경영인데 일단 얘기를 하면 전력을 다하는 모습이 왕웨이에게 나타난다. 그런 이유로 언

30

론 인터뷰를 꺼리는 등 대외 노출을 극도로 꺼려 '신비(은둔)의 기업인'으로도 불린다.

결벽증에 가까운데 《소통》이라는 순펑의 사보(社報)에도 그의 얼굴 사진이 등장하지 않을 정도라고 한다. 그렇게 별로 영양가 없는 곳에 시간을 쓰지 않고 창업 이후 매일 14시간 이상 일해 '가장 돈 많은 일벌레'라는 평가도 받는다.

"발 아래 100억 위안이 넘는 부를 갖고 있으면서도 밤새워 컴퓨터 앞에 앉아 연구·개발하는 사람이다."

그가 얼마나 열심히 일을 하는지 에피소드가 있다.

그는 알리바바의 CEO 마윈이 존경하며 꼭 한 번 만나기를 바라는 경영인으로도 알려져 있다. 그런데 중국 언론들이 전하는 바에 의하면, 마윈이 면담을 요청했지만 왕웨이가 거절했다고 한다. 거절의 이유는 특별히 나눌 얘기도 없고, 자기는 일을 해야 한다는 것이었다고 한다. 일에 대해서는 결벽증에 가까운 자세이다.

셋째, 장기적인 전략, 즉 길게 보는 경영이 빛난다.

왕웨이의 목표를 향한 고집스런 경영전략은 직영점 관리에도 나타난다. 순펑은 1999년 다른 택배 회사들처럼 가맹점 형식으로 사업

31

을 확장해나갔다. 하지만 가격경쟁이 심화되면서 여러 가지 문제가
터져나왔다. 가맹점이 채산성을 위해 재 가맹을 받고 심지어 일부가
밀수하는 사례까지 나타났다고 한다.

이때 단기이익보다는 미래이익을 강조하는 왕웨이는 직영체제로
돌리면서 직원 교육이나 복지, 그리고 정보화 등을 위해 자금을 투입
한다. 그렇게 하지 않으면 단기이익은 낼 수 있지만 미래의 경쟁력을
갉아먹는다는 것이다.

그런 경영전략이 빛을 발한 계기는 사스(중증 급성호흡기증후군)가 중
국을 공포로 몰아넣었던 2003년이다. 거리에 사람 발길이 끊기면서
전자상거래가 늘었고, 택배 수요도 함께 증가하면서 항공운임료 역
시 떨어졌다.

왕웨이는 이때를 놓칠세라 하늘길을 넓히는 등 사업 확대에 박차
를 가한다. 바로 5대의 비행기를 임대하면서 화물기를 운영하는 중
국 1호 민영 택배 회사가 된 것이다.

넷째, 회사의 자산은 직원이라는 인식이 확고하다.

왕웨이는 지나칠 정도로 철저히 은둔형 CEO를 견지한다. 자금 유
치를 위한 대외활동도 하지 않으며 오직 회사 운영에만 집중한다. 특
히 그는 '회사의 자산은 직원'이라는 인식이 확고하다.

당연히 그는 직원 한 명 한 명을 가족같이 대하는데 매달 우수 직

원을 시상할 때 90도로 인사를 할 정도이다.

　모든 지점을 직영체제로 운영하고 후생복지가 취약한 택배기사들에게 5대 보험을 보장해 이직률을 낮추는 등 직장에 대한 자긍심을 고취시킨다. 가끔 택배기사들과 함께 직접 택배도 하고 배달 도중 사고 난 직원과 함께 울어준다. 앞에서 본 것처럼 베이징에서 발생한 '갑질 사건'을 통해 그의 직원 사랑은 입증된 바 있다.

"나 왕웨이는 모든 이에게 말한다. 이 사건의 진상을 끝까지 규명하겠다. 그렇지 않는다면 나는 더 이상 순펑의 리더가 될 자격이 없다."

　이것은 회장님이라기보다는 따거(大哥, 큰형님)로 직원을 대하는 것이다. 특별히 더 설명할 것도 없이 자동차를 긁었다는 이유로 운전자로부터 뺨을 맞고 욕을 들은 택배 직원 폭행사건에 대처하는 그의 단호한 자세가 반증한다.

다섯째, 경영과 마음의 평정에 신앙의 도움을 받는다.

　왕웨이 회장은 '운명과 인과응보'를 강조하곤 하는데 그는 독실한 불교신자로, 그의 사무실 책상에는 8개의 불상이 놓여 있다고 한다. 우연보다 인과응보를 중시하는 불교 경영 정도로 요약될 수 있는데, 그는 결코 인연을 믿지 않으며 모든 것은 업보가 쌓인 결과라고 믿는다고 한다. 신앙의 힘이 그의 경영에 도움을 준 것이다.

왕웨이는 창업 후 3년째에 큰돈을 만지면서 평정심을 잃고 안하무인이 됐지만 이때 부인과 불교가 큰 도움을 줬다고 말하곤 한다. 부인이 틈틈이 찬물을 끼얹으며 그가 냉정을 유지할 수 있도록 했고, 불교를 통해 마음의 평정을 찾을 수 있었다는 것이다. 그의 어록을 보면 심오하기까지 하다.

"인생은 '운명과 인과응보'라는 두 가지 법칙으로 이뤄졌다."

그는 지금의 성공은 천시지리인화(天時地利人和)가 함께 겹친 결과이며 자기는 '우연'을 믿지 않고 '매사에 우연이란 없다'라고 생각한다고 한다. 마치 불교에 귀의한 일본의 '경영의 신'이라는 이나모리 가즈오를 연상케 하는 대목이다.

말하자면 경영을 하면서 신앙의 덕을 많이 보는 경우인데 그에게는 불교가 사업을 하는 동안 수많은 유혹에서 벗어나게 하는 원천인 것이다. 그래서인지 모르지만 그는 사업적으로 성공을 한 후로도 사회적으로 물의를 일으킨 적이 없다.

여섯째, 본질에 충실하면서 드러나지 않는 경영을 한다.

사실 회장이 말단 직원들에게도 먼저 고개 숙여 인사를 한다는 것은 쉽지 않다. 겸손과 경영자의 덕목이 몸에 배어 있다는 뜻이다. 그러면서 인터뷰에 일절 응하지 않는 것을 보면 본질에 충실하고 드러나지 않는 경영에 특화된 것을 알 수 있다.

오죽하면 그룹의 사보에서조차도 얼굴 사진이 실리지 않는데 그는 기업하는 사람은 연예인이 아니기 때문에 앞에 나서면 안 된다고 말한다. 어느 나라나 나서기 좋아하는 경영자들이 많지만 참된 기업가는 뒤에서 묵묵히 사업에만 전념해야 한다는 것이다.

"경영자는 직원을 가족처럼 존중하고, 기업의 사회적 책임과 약자를 배려해야 하며, 기업 경영에 이상주의를 실현하는 의식을 가져야 한다."

어쨌든 말단 택배 배달원에서 시작하여 중국의 3대 부자로 등극한 왕웨이의 성공에는 몇 개의 키워드, 즉 통찰력·신기술·리더십이라는 3대 키워드가 바탕에 있다.

결과적으로 왕웨이의 경영이 빛을 발한 부분이 바로 '통찰력'이다. SF익스프레스의 성장은 중국에서 인터넷과 모바일의 보급 이후 대폭발한 택배업의 성장에 절묘하게 올라탄 덕분이다.

순펑이 성장하는 동안 중국의 GDP는 5~6%대의 성장을 기록했지만 엄청난 인터넷 가입자와 13억 명이 넘는다는 모바일 가입자들이 만들어낸 전자상거래 택배업은 연평균 40%씩 성장하는 초고성장 산업이었다.

마윈이 '인터넷 대폭발'에 올라타 중국 2위의 부자가 됐다면 왕웨이는 인터넷 다음에 따라온 '택배업 대폭발'에 편승해 중국 3위 부자가 된 것이다. '길은 마윈이 만들고, 돈은 왕웨이가 번다'는 말이 빈말이 아닐 정도다.

다음으로 그의 창의력이 돋보이는 부분이 '신기술을 택배업에 적용한 것'이다. 마치 한국에서 카카오 택시를 부르듯 SF익스프레스는 중국의 카카오톡인 웨이신을 통해 택배기사를 부르고, 실시간으로 내 택배가 어디쯤 가고 있는지 확인할 수 있다.

그 결과 순펑은 중국 내 택배 회사 중 배송료는 비싸지만 분실률이 가장 낮고 서비스 만족도가 최고인 회사로 부상할 수 있었다.

왕웨이의 리더십은 '직원과 같이 울어주는 리더십'으로 설명이 가능한데 이는 앞에서 자세히 설명했다. 어쨌든 이런 리더십을 통해 그는 사회적 약자인 택배기사들에 대한 배려와 자긍심 고취를 바탕으로 순펑을 최고의 회사로 만들었다.

이런 3박자 외에도 꿈을 가진 사람이라면 그가 말하는 경영자의 자세는 누구나 배워야 하는 덕목임이 분명하다. 특히 앞에서 정리한 6가지가 그렇다.

강자가 이기는 것이 아니라, 이긴 자가 강한 것

"화투(花鬪)··· 말이 참 예뻐요. 꽃을 가지고 하는 싸움.

근데 화투판에서 사람 바보 만드는 게 뭔지 알아요?

바로 희망이지요. 그 안에 절망도 있고, 인생도 있죠."

- 영화 〈타짜〉

유자와 쓰요시는 스스로 기간을 정해두는 것이

목표 달성에 효과적이었다고 말한다.

'더 이상의 뒤는 없다'는 정신으로 그 기간 안에 해결할 수밖에 없도록

스스로 미션을 부여하는 것이다.

★ ☆ ★ ☆

Have a nice day [2]

부자가 되는 데는 엄청난 재능, 즉 신이 내린 어떤 능력이 필요한 것이 아닙니다. 그런 재능이나 돈 많은 부모라는 좋은 패를 갖고 있지 않아도 이길 수 있고 부자가 될 수 있습니다.

고스톱만 쳐봐도 알 수 있듯이 아주 좋은 패가 반드시 돈을 따는 것도 아닙니다. 게임에 참석한 사람들보다 조금만 더 좋은 패를 갖고 있으면 되지요. 좋은 승부가 반드시 조건이 좋아야 하는 것은 아니므로 꼭 부자가 되어야 한다면 이 점을 빨리 깨달아야 합니다.

오늘은 주어진 조건에서 이기는 이야기를 해보겠습니다.

〈타짜〉라는 영화는 안 봤어도 "나, 이대 나온 여자야!"라는 대사는 많이 들어 보셨죠. 〈타짜〉는 도박판이라는 어둠의 세계를 배경으로 하는데, 느와르적인 감성을 도입하여 도박의 세계와 고니(조승우 분), 정 마담(김혜수 분), 평 경장, 아귀 등의 인물들을 잘 살려냈지요.

화투를 아트(예술)라 칭하는 타짜, 도박 끝에 손과 귀를 잃었음에도 헤어 나오지 못하는 타짜, 도박판에서 상도덕 없는 자들을 응징하는 타짜 등 아주 다양한 캐릭터의 타짜들이 등장하지요.

사실 이런 류의 세계를 그릴 때 주의할 점은 그 세계가 매력적이지만 동시에 추악하다는 것을 잘 표현하는 것이지요. 이 부분에서 완급 조절을 제대로 하지 못하면 작품으로는 실패하게 되지요.

영화 〈타짜〉에서는 마치 느와르 영화의 주인공 같은 캐릭터인 평경장과 고니를 내세워 이야기와 분위기를 잘 풀어냅니다. 그들은 비록 법 바깥에서 활동하지만 딴 돈의 절반만 가져간다는 원칙을 가지고 있죠. 예컨대 머무는 세계가 어둡긴 하지만 그들은 나름대로의 정의관을 가지고 행동합니다.

이 영화 최고의 명장면은 바로 고니, 정 마담, 아귀 세 명이 벌이는 마지막 승부입니다. 고니는 최고의 타짜인 아귀의 적수가 되지 못합니다. 아귀가 어떤 속임수를 쓰는지조차 알아채지 못하지요.

계속 돈을 잃던 고니에게 마침내 기회가 찾아옵니다. 패를 잡은 고니는 승부수를 던집니다. 물론 고니의 기술은 아귀가 쉽게 간파할 수 있고, 더욱이 아귀는 상대의 기술을 알아채고 단번에 굴복시키기로 유명합니다. 이때 고니의 독백.

"싸늘하다. 가슴에 비수가 날아와 꽂힌다. 하지만 걱정하지 마라. 손은 눈보다 빠르니까. 아귀한테 밑에서 한 장, 정 마담도 밑에서 한 장, 나 한 장. 아귀한테 다시 밑에서 한 장, 이제 정 마담에게 마지막 한 장…"

결국 이 판에서 단 한 번도 실수한 적이 없는 도박판의 최고수 아귀는 일생일대의 패배를 당하게 되지요. 어떻게 된 것일까요? 고니는 분명 밑장빼기 기술을 썼고 아귀는 이를 알아챘지요. 그럼 고니는 왜 아귀가 이기도록 패를 조작했을까요?

고니는 아귀를 한 번 더 속인 것이죠. 기술로는 상대를 이길 수 없었기에 상대의 기술을 역이용했던 것이죠. 그러고는 독백합니다.

"화투는 기술로 하는 게 아니라 마음으로 하는 것이지."

고니는 한 수 위인 아귀 앞에서 소위 '밑장빼기' 기술로 패를 조작하면서 아귀를 도발합니다. 빈틈을 보이는 척 패를 돌립니다. 아귀, 정 마담, 자기 패. 다시 아귀, 정 마담…. 그때 아귀가 고니의 손목을 잡아챕니다. 그러고는 비열한 승자의 웃음을 지으며 고니가 밑장빼기를 했고, 자신의 패와 정 마담 패를 조작했다고 소리칩니다.

"동작 그만! 밑장빼기냐? 내가 민다리 핫바지로 보이냐, 이 XX야?"

고니가 증거를 대라고 하자 아귀는 자신과 정 마담 패가 각각 9땡과 장땡일 거라고 장담합니다. 아귀는 먼저 자신의 패를 뒤집습니다. 9땡. 이어 정 마담 패를 확인하기 전 아귀는 해머를 가져오라고 해서 패를 조작한 고니를 징벌하려 합니다.

이때 고니가 역으로 두 사람이 가진 돈 전부와 손목을 걸자고 제안합니다. 제안을 받아들여 두 사람은 손목을 끈으로 묶습니다. 그리고 패를 뒤집지요. 10이면 장땡인데 마지막 패는 10이 아니고 3입니다. 결국 일생 단 한 번도 실수한 적이 없는 최고수 아귀 입에서 절망적인 한마디가 새어나옵니다.

"사쿠라네? 내가 봤어, 이 XX놈이 밑장 빼는 것 똑똑히 봤다니께!"

이때 고니가 그런 아귀를 향해 일갈합니다.

"확실하지 않으면 승부를 걸지 마라. 안 배웠냐?"

어떻게 된 것일까요? 고니는 분명 밑장빼기 기술을 썼고, 어설퍼 보이는 그 트릭을 아귀는 정확히 알아챘습니다. 그런데 정 마담의 마지막 패는 왜 단풍(10)이 아니고 사쿠라(3)였을까요? 왜 고니는 아귀가 이기도록 패를 조작했을까요?

고니는 아귀를 한 번 더 속였던 것입니다. 고니는 예전 아귀에게 당해 한쪽 귀가 잘린 짝귀가 힌트해준 교훈을 그대로 써먹은 것입니다. 기술로는 도저히 상대를 이길 수 없었기에 상대의 심리를 역이용함으로써 승부를 결정지은 것이지요.

그렇습니다! 항상 강자가 승리하는 세상은 재미가 없지요. 또 세상은 항상 그렇게 돌아가지도 않고요. 승부에서는 약자라고 하여 꼭 지는 것이 아니며 강자가 반드시 이기는 것도 아닙니다. 오히려 세상이 돌아가는 원리는 게임(Game)에 가깝지요.

가령 월드컵만 봐도 16강전이나 8강전 등에서 순위나 과거의 승패는 크게 중요하지 않지요. 오히려 상대를 얼마나 연구하고 근성으로 싸우느냐가 더 중요하지요. 인생의 승부도 마찬가지입니다.

예컨대 대개의 경우 처음엔 누구나 호구로 시작하지요. 주식이든, 비즈니스든, 화투든, 골프든, 바카라든, 바둑이든 몇 번 따면 자신이 뭐가 특별한 재능이나 센스가 있다고 착각하면서 큰돈을 걸게 되고 그때 기다렸던 타짜들은 호구의 돈을 가로채 가지요.

이런 때 자신의 적은 자신이며 욕심과 자만이 최대의 적인 것이지요. 그래서 모든 투자(투기)는 '탐욕과 공포', 그리고 '미련'에서 결정되지요. 타짜의 덕목도 마찬가지입니다. 고니는 그 절체절명의 결정적인 순간 일갈하면서 아귀를 도발합니다.

"이 패가 단풍이 아니라는 거에 내 돈 모두 하고 내 손모가지를 건다. 쫄리면 뒈지시던지."

결국 아귀를 이긴 고니의 무기는 바로 상대를 도발하고 그의 심리를 역이용한 것이죠. 기술보다 한 수 위에 있는 것이 바로 마음이라는 반증입니다. 모든 승부는 얄팍한 기술 몇 가지로는 이기기 어렵지요. 게임의 본질이 그렇습니다. 승부뿐만이 아니라 우리의 인생 역시 그렇습니다. '삶의 본질은 게임이다'쯤으로 정의할 수 있지요.

최근에 젊은 사람들이 흙수저, 금수저를 얘기하고 마치 '돈 많은 부모'에게 태어나지 않음을 핑계로 의기소침하는 경우를 목격하곤 합니다. 말하자면 자신의 패가 나쁘다고 좌절하는 것이지요. 일면 이해도 되지만 예컨대 3끗으로 9땡을 이긴 고니처럼 반드시 패가 좋아야 이기는 것은 아니지요.

반증으로는 수많은 사람들이 흙수저, 무수저로 때어났으나 그것을 자양분 삼아 엄청난 성공을 거둔 사람들을 주변에서 찾는 것이 어렵지 않습니다. 그런 이유로 다음 말은 호소력이 크지요.

"강한 자가 이기는 것이 아니라, 이긴 자가 강한 것이다!"

결국 세상의 원리는 강자가 반드시 승리하는 것도 아니며 항상 그렇게 돌아가는 것도 아닌 것이죠. 약자가 항상 불리한 것도 아니고요. 그래서 게임의 법칙을 정확히 이해할 필요가 있지요. 왜냐하면 우리가 살아가는 것, 즉 삶의 본질이 게임이니까요.

유자와 쓰요시
당신이 빚을 다 갚으려면
최소 80년은 걸릴 것이다

"어느 날 나는 400억 원의 빚을 진 남자가 되었다. 나는 내가
물려받은 빚을 다 갚으려면 100년은 족히 넘게 걸린다는 결론에 도달하게 되었다.
그러나 그로부터 16년이 지났을 때 빚은 제로(0)가 되었다.
나는 은행이 말한 80년보다 무려 64년이나 빠르게 빚을 갚아낼 수 있었다."
– 유자와 쓰요시(유사와 대표이사)

평범한 회사원으로 장밋빛 인생을 꿈꾸던 36세의 남자는 어느 날 갑작스런 아버지의 죽음으로 그야말로 난데없이 관심도 없고 생각도 해본 적 없는 부도 직전의 가업과 400억 원의 빚을 떠안게 된다. 주인공은 유자와 쓰요시(湯澤剛). 아버지의 장례식장에 문상을 온 두 곳의 금융기관에서 하는 이야기는 한결같았다.

"앞으로 회사는 어떻게 하실 생각이신가요?"

유자와는 아버지의 갑작스러운 죽음에 혼란스러워서 그런 판단을 할 만한 상황이 아니었다. 물론 직장(기린맥주)을 그만둘 생각도 없었다. 이런저런 말로 돌려서 말하자 은행에서는 쐐기를 박듯 말했다.

"만일 아드님이 회사를 물려받지 않는다면 어머님께서 사장 자리에 앉아야 하는데, 그래도 괜찮으시겠어요?"

부채 총액 400억 원의 내역은 주거래 은행인 지역 신용금고에 280억 원, 부거래 은행인 대형은행에 120억 원이었다. 당시 연매출이 200억 원이었지만 매출보다 부채가 2배가 많았다.

유자와는 자기가 잘못 본 것이라 믿고 싶었다. 잘못 본 것이기를 바라는 심정으로 몇 번씩이나 샅샅이 훑어보았다. 그러나 몇 번을 확인해 봐도 400억 원이라는 금액은 틀림없었다. 그야말로 머릿속이 새하얘졌다. '절망'이라는 말이 이런 때 쓰는 것 같았다.

만족스러운 회사생활과 꿈에 그리던 가정생활, 그런 것들이 머릿속을 맴돌았지만 홀로 남은 어머니와 고맙다는 말조차 전하지 못한 채 세상을 떠나버린 아버지의 얼굴이 떠올라서 도저히 모른 척할 수가 없었다. '그래, 내가 회사를 물려받자'라고 결심한 후 비로소 회사를 파악하기 시작했다.

아버지가 물려준 회사는 당시 주력인 해산물 이자카야 외에도 규동 전문점 프랜차이즈 요시노야, 서양식 이자카야, 회전 초밥점 등의 요식업뿐만 아니라 노래방, 사우나, 마작 게임장 등 다양한 분야의 매장 33곳을 운영하고 있었다. 문제는 거의 부실이었다.

아버지에게 받은 마지막 선물인 회사의 사정을 확인하는 순간 그는 온몸에 힘이 풀려 의자에서 일어설 수가 없었다. 당시 매출보다 부채가 2배나 많은 상황은 36세의 회사원인 그가 상상할 수 있는 수준을 훨씬 넘어선 금액이었다.

게다가 회사는 부도 직전의 상태였다. 도망칠 틈도 없이 직원들은 그를 사장님이라고 부르고 있었다. 은행은 잔인하게도 그가 죽을 때까지 빚을 갚아야 할 거라고 통보했다.

"유자와 씨가 갚을 돈은 한 달에 4,100만 원입니다. 이자도 계속 늘어날 것이니 아마도 빚을 다 갚으려면 최소 80년은 걸릴 겁니다."

모든 것이 최악이었다. 직원들도 그런 회사의 사정을 알기에 걸핏하면 그만둔다고 협박을 하거나 마음대로 행동하기 일쑤였고, 그는 그런 직원들조차 떠날까봐 전전긍긍했다. 더 막막했던 것은 '멘토(스승)'라고 부를만한 사람이 없다는 것이었다.

물론 이런저런 조언이나 격려를 해주는 사람들은 있었지만 적자기업을 정리하는 법을 잘 아는 전문가나 비슷한 형편에 처해본 경영자가 가까이에 있었다면 애초에 더 합리적으로 판단했을 것이고 마음도 든든했을 텐데 그런 멘토가 당시 그에게는 없었다.

그런 절박한 상황에서 힘겹게 하루하루를 넘기며 살아가던 그는 어느 날 우울한 기분으로 지하철역 플랫폼에 서 있었다. 그리고 이런

저런 부정적인 생각을 하고 있을 때 갑자기 몸이 플랫폼에 들어오는 전철 쪽으로 기울어지나 싶더니 자신도 모르게 선로에 뛰어들려 하고 있었다. 그는 순간 벌어진 일이 믿기지 않았고 또 믿을 수가 없었다. 물론 모든 상황에서 궁지에 몰려 있기는 했지만 결코 죽고 싶다고 생각한 적은 없었기 때문이다.

그는 그날의 상황에 큰 충격을 받았다. 그래서 바로 앞에 놓은 문제에만 몰두하며 더 큰 문제를 회피하던 행동을 멈추고 드디어 한 발짝 내디뎌야겠다고 결심한다. 이렇게 하루에도 몇 번씩 지하철 선로에 뛰어들고 싶은 충동을 느끼지만 어느 날부터 입버릇처럼 이런 말을 하기 시작한다.

"내가 죽는 순간까지 빚을 다 못 갚을 거란 건 알지만, 그래도 만약에 갚게 된다면 내 얘기로 책을 쓰고 싶다."

그렇게 말은 했지만 아무리 방법을 모색해봐도 도저히 해결책이 생각나지 않았다. 실제로 몇 년 전부터 회사의 매출과 이익 모두 줄어들고 있었다. 결국 상식적으로 생각했을 때 빚을 다 갚으려면 100년은 족히 넘게 걸린다는 결론에 도달하게 된다.

그러나 그로부터 16년이 지났을 때 유자와의 소원은 이뤄지게 된다. 그는 은행이 말한 기간보다 무려 64년이나 빠르게 빚을 갚아낼 수 있었고, 소원대로 쓴 자신의 책을 통해 이렇게 말했다.

"처음 빚이 생겼을 때 나는 너무 막막했다. 절망스러웠다. 빚을 갚아나갈 계획을 아무리 고치고 고쳐도 어디서부터 손을 대야 할지 혼란스러웠으며, 그 사이에도 내 빚은 초 단위로 불어나고 있었다. 확신이 없는 상태에서 시간만 계속 흘렀다."

사실 유자와는 가업 승계를 원하지 않아 대기업에 입사했었다. 그러나 입사 후 영업하는 과정에서 고객에게 비난을 받는 등 숱한 고난이 있었지만, 이 길이 아니면 가업을 이어받아야 한다는 생각에 버텨낼 수 있었다. 말하자면 가업 승계는 정말 싫었던 것이다.

그렇지만 승계를 할 수밖에 없는 상황이 되었고, 스스로 결의를 다졌지만 400억 원이라는 빚만 생각하면 모든 것을 똑바로 마주보는 것 자체가 두려웠다. 그래서 그는 우선 최악의 상황을 명확히 떠올려보기로 한다.

'최악 중 최악'일 때는 도대체 얼마나 끔찍한 일이 벌어질지, 떠오르는 것을 가능한 한 구체적으로 종이에 써 내려갔다. 냉정하게 하나하나 적어 내려가다 보니 최악의 상황은 '파산'뿐이었다.

물론 그런 상황이 오면 고통스러울 테고 가족과 관계자에게 큰 폐를 끼치겠지만 목숨을 잃는다거나 야반도주할 일은 없을 것이라는 생각이 들었다. 구체적인 계획을 세우고 나니 예상과 달리 '고작 이 정도였어'라는 생각에 마음이 편안해졌다고 한다.

마치 스스로의 '마지노선' 혹은 '배수의 진'을 만들어 해낼 수밖에 없는 환경을 만든 것이다. 싫어해도 해야 하니 보다 긍정적으로 생각하게 되었으며 괴롭다고 한들 포기할 수 없었고, 재미없는 일이라도 조금의 재미를 찾으려는 노력을 통해 일의 기본기를 다져 나갔다.

> "싫어하는 일이라고 낙담하지 않고, 괴롭다고 해서 포기하지 말고, 재미없는 일에서 스스로 재미를 찾으면 결국 결과를 낸다."

도망칠 기력조차 사라질 만큼 가혹한 현실이었지만 그런 사면초가 상황에서는 무엇이 되었든 원활한 것을 하나 만들고, 그런 후에 옆으로 확장해나가는 시도를 하는 것이다.

예컨대 하나를 구축하고 점차 늘린다는 '일점돌파 전략'처럼 문제가 너무 많아 무엇을 해야 할지 모를 땐 문제 하나만 집중적으로 해결해 보는 것이다. 일단 하나를 해결하면 그와 연결된 문제들이 조금씩 풀어지기에 다른 문제도 해결하기 수월해지는 것이다. 일단 하나라도 해보는 것은 우리 삶에 적용해야 할 자세임은 분명하다.

인간은 불확실한 상황에서 두려움과 불안을 느끼기 마련이다. 머리로는 알아도 눈에 보이지 않으니 안 좋은 상상이 떠오를 수밖에 없다. 결심을 굳힌 후 한 발짝 내딛는 시기는 하루라도 빠른 편이 낫다. 공포는 마음을 다잡기 전이 훨씬 더 큰 법이다. 이 부분에 대해서도 유자와는 말한다.

"나 역시도 나중에야 깨달은 것이지만, 다짐을 하지 못하고 갈팡질팡할 때가 가장 위험하다."

유자와는 어떤 일에서 불안과 두려움에 사로잡혔다면 그 불안해하는 것들을 글로 써보라고 권한다. 그리고 그 문제들 중 가장 해결 가능성이 높은 것 하나를 골라 행동하라고 한다. 말하자면 불확실한 문제를 직접 써봄으로써 눈으로 확인한다면 그에 대처해야 할 행동들이 떠오른다는 것이다. 그런 과정을 통해 불안과 두려움에서 벗어나 이성적인 판단으로 상황에 벗어날 수 있다는 것이다.

사실 괴롭고 굴욕적인 일이 있더라도 어쨌든 하루는 지나간다. 하루가 줄면 다시 늘어나는 법은 없다. 빚은 늘어날지 모르고 상황이 나빠질 수도 있지만 날짜만은 반드시 줄어들었다. 카운트다운의 효과는 절대적인 것이다.

"먼 미래는 생각하지 말자. 빚을 다 갚을 수 있을지 없을지는 차치하고 5년 동안은 오로지 회사만 생각하며 앞에 놓인 일에 전력을 다하자. 이렇게 마음을 굳히고 하루하루를 카운트하다 보니 고민의 질이 달라졌다."

유자와는 이때의 경험으로 스스로 기간을 정해두는 것이 목표 달성에 효과적이었다고 말한다. '더 이상의 뒤는 없다'는 정신으로 그 기간 안에 해결할 수밖에 없도록 스스로 미션을 부여하는 것이다. 그

51

가 역경을 극복한 성공의 비결을 들어보자.

첫째, 할 수 있는 하나의 문제에 집중하라.

눈앞이 캄캄한 시련이 닥쳤을 때는 당장 해결할 수 있는 문제에만 집중하는 것이다. 구체적으로는 그 문제의 한계를 설정해 해결할 수밖에 없는 환경을 조성하는 것이다. 어차피 모든 일이 잘 안 된다면 무엇이든 간에 하나만이라도 '잘되는 일'을 만드는 것이다.

말하자면 한정된 자원을 분산하지 말고 한곳에 집중해서 뭐가 됐든 일단 성공 사례를 만들어낸다. 그리고 그것을 확장해 전개하는 것이 작전인 것이다. 사실 성공의 과정은 단 한 번의 큰 성공으로 이루어지지 않는다. 작은 성공 하나하나가 누적되면서 동기부여가 되고 원동력이 되면서 나아갈 수 있게 해주는 것이다.

유자와 역시 다른 가게를 놔두고 하나의 가게에 집중해 그곳을 살리고 다음으로 나아가는 작전을 썼다. 그렇게 죽어가는 가게를 다시 일으키고 그것이 모여 회사를 살려낸 것이다.

이 부분을 정리하자면 이렇다.

"하나를 구축하고 점차 늘려 나간다는 병법의 '일점돌파 전략'처럼 문제가 너무 많아 무엇을 해야 할지 모를 땐 문제 하나만 집중적으로 해결해 보는 것이다."

이렇게 일단 하나를 해결하면 그와 연결된 문제들이 조금씩 풀어지기에 다른 문제도 해결하기 수월해진다. 그러므로 일단 하나라도 해보는 것, 우리가 삶에 적용해야 할 자세다.

둘째, '약점'이 아닌 '강점'에 집중하라.

약점이나 자신에게 없는 부분에 초점을 맞추기보다 강점이나 이미 갖고 있는 부분에 집중해야 한다. 약자일수록 자신의 강점과 장점을 강화하는 게 중요하다. 모든 면에서 최고를 추구하면 전력을 기울여야 할 원래 장점과 강점에 몰두할 수 없게 된다. 사실 모든 면에서 완벽해질 필요는 없다. 그리고 모든 면에서 완벽한 사람도 없다.

"약점은 없지만 강점도 없이 평범한 사람보다 약점이 있어도 강점이 뚜렷한 개성 있는 사람이 살아남는 시대이다."

이렇게 강점을 지닌다면 추종하는 사람들이 생기기 마련이고, 그 강점을 발전시킬 수 있다면 약점은 강점에 가려지고 오히려 그 약점은 '인간미'로 남겨진다. 그럼에도 매출을 늘리려고 다른 곳에는 있는데 우리에겐 없는 부분을 보완하여 고객 폭을 최대한 넓히려 한다면 그 결과는 타깃이 뚜렷하지 않은 가게가 되어가는 것이다.

셋째, 인재가 경영의 핵심이고, 그들이 이익을 창출한다.

　사업이 원활하지 않고 체제가 붕괴된 상태에서 매장을 확대한들
잘될 리가 없다. 이렇게 되면 상처가 커지면서 경영은 더 깊은 수렁
에 빠질 뿐이다. 결국 신뢰할 수 있는 직원의 수만큼만 정상적인 매
장 운영이 가능한 것이다.

　예컨대 인재가 경영의 핵심이고 사람이 이익을 창출한다는 것은
경영의 요체이다. 그런 이유로 평균보다 수준이 낮은 직원들로 매장
3곳을 운영하기보다는 우수한 인재를 한곳에 모아 팀워크 좋은 상
태에서 운영하면 그 매장 하나만으로 3곳의 매장을 합친 수익 이상
을 올리는 일도 드물지 않다.

　"잘나가는 회사원 시절에는 오만하고 자기중심적이었다. 나는 뭐든지
할 수 있다, 못하는 사람은 자기 자신의 문제이고 책임이라고 큰소리쳤
다. 그러나 갑작스럽게 400억 원이라는 빚을 떠안은 후에야 세상에는
어떻게 할 수 없는 일도 있다는 사실을 뼈저리게 느꼈다."

　사업도 투자도 가장 중요한 것은 수익이 아닌 리스크 관리이다. 좋
은 사람들로 팀을 짜는 것은 아무리 강조해도 지나치지 않다. 이 점에
대해 유자와의 경험에서 우러난 언급은 충분히 참고할 필요가 있다.

넷째, 가장 중요한 것은 '살아남는 것'이다.

아무리 많이 벌어도 한 번 망하면 모든 것이 무너진다. 그렇기에 투자와 사업을 판단할 때 우선적으로 생각해야 할 것은 '잃지 않는 것', '살아남는 것'이어야 한다. 그런 판단 하에 망해도 다시 일어설 수 있도록 일정 부분 자금을 유보하거나 원칙과 기준을 세워 '안전 마진'을 확보해야 한다. 이것이 막대한 수익을 안겨줄 순 없어도 시장에 살아남아 최종적인 성공을 담보하고 누릴 수 있는 방법이다.

"사업이든 투자든 계속 실패만 한다면 나아갈 의욕도 목적도 사라지기 마련이다. 아주 사소한 것이라도 우선 달성하다 보면 그 과정을 통해 할 수 있다는 자신감으로 작은 성공들을 쌓아 큰 성공으로 만드는 것이다."

사실 '도산하면 어쩌지?'하며 막연하게 생각했을 때는 불안이 커져서 나쁜 상상에만 휩싸이기도 했다. 그렇게 만들어진 공포는 스스로 제어할 수 없을 만큼 황당무계한 수준까지 부풀어 오르게 되어 있다. 불안과 공포에 무턱대고 농락당하기보다는 원인과 대상을 똑바로 바라보게 되면 정신적으로 상당한 안정을 되찾을 수 있다.

다섯째, 아침이 오지 않는 밤은 없다. 길은 반드시 열린다.

기업에 경영이념이 있듯 개인에게도 삶의 이념이 있어야 한다. 이는 어떤 상황에도 버텨주고 다시 일어설 수 있게 만드는 힘이 된다. 무슨 일이 있어도 죽으란 법은 없다. 반드시 어떻게든 된다는 뜻인데, 흔히 'Never, never, never give up'의 정신으로 표기한다.

포기하지 않고 꾸준히 한다면 길은 반드시 열린다. 상황에 조종당하는 게 아니라 상황을 받아들이는 방식으로 스스로 선택하는 것이다. 주체적으로 사는 것, 그것이 길을 개척하는 결과가 되는 것이다.

아침이 오지 않는 밤은 없다. 사람들을 즐기면서 스스로 생각하며 행동할 때 큰 힘을 발휘한다. 사람의 마음을 움직이는 것은 가슴 뛰게 하는 비전인 것이다.

"비전에 의한 설렘이야말로 사람을 움직이게 하는 원동력이다. 설렘을 가지려면 지향하는 모습이나 도착점을 시각적인 이미지와 함께 구체적이고 사실적으로 볼 필요가 있다."

예컨대 유자와만 해도 엎친 데 덮친 격으로 갑자기 터진 광우병 사태로 지옥 같은 자금난이 시작됐고, 2007년에는 직원 모두에게서 노로바이러스가 검출되어 사업정지 처분을 받았으며, 설상가상 아버지 때부터 오랫동안 근무했던 베테랑 요리사의 죽음, 그리고 매장 하나가 통째로 불에 타버리는 등 악재가 연속적으로 일어났다. 마치 하늘은 그에게 잠시의 행복도 허락하지 않은 듯했다.

그러나 그는 이러한 연속적으로 다가오는 엄청난 위기에도 불구하고 다시 일어났고, 결국에는 회사를 맡아 키운 지 16년 만에 빚을 전부 상환하기에 이른다. 상환하는 데 100년쯤 걸릴 부채를 해결함으로써 결과적으로 84년을 세이브한 것이다.

이 장의 주인공처럼 평탄하고 순조롭게 잘 지내고 있다가 어느 날 갑자기 400억 원의 빚을 지게 된다면 어떻게 해야 할까?

영화에서 나올만한 일이 실제로 유자와 쓰요시한테 일어난 것이다. 그 역시 처음에는 당황하여 어찌할 줄 모른다. 파산하면 어떻게 하지 등 막연하게 생각했던 불안이 만든 공포로 인해 옴짝달싹할 수 없었지만 최악의 상황을 명확하게 그려본 후에는 마음이 차분해진다.

그러자 그는 냉정하게 상황을 분석하고 계획을 세울 수 있었으며 노력하는 기간을 5년으로 정한다. 딱 5년 동안은 눈 딱 감고 모든 굴욕을 감수하기로 결심한다. 매일 불어나는 400억 원 빚의 숫자를 보면 그에게 희망이 없었지만 정해놓은 5년 기간의 숫자가 줄어들수록 아이러니하게도 그에게 희망이 생긴 것이다.

말하자면 유자와 사례의 핵심은 열심히 한다고 당장 죽을 만큼 자신에게 스트레스 주지 말고 그저 꾸준히 한 가지 목표만 생각하며 나아가라는 것이다. 우리는 종종 큰 문제가 발생했을 때, 그만큼 거대한 계획으로 맞서려고 한다. 완벽한 계획을 세우기 위해 고민하고, 수정하고, 보완하며 많은 시간을 보내지만 정작 아무것도 시작하지 못하는 경우가 많다.

그러한 때에도 하나의 목표만을 정해놓고 그것만 해결하도록 노력한다면 이루지 못할 일은 아무것도 없다는 것이다.

도저히 빠져나올 수 없는 상황이나 절대로 불가능해 보이는 문제 앞에서 움츠러든 채 옴짝달싹 못하는 사람들에게 유자와는 말한다.

"다시 한 번 일어나 보세요. 나는 '아침이 오지 않는 밤은 없다'라는 말을 굳게 믿습니다. 내가 했으니까요."

부의 이안류(離岸流), 돈 문제로부터 탈출

"'네 죄를 알겠나?', '전 결백합니다', '그건 맞다.
너는 사람을 죽이지 않았다. 그렇지만 너는 살인보다
더한 죄를 저질렀다', '그게 뭡니까?', '너의 죄는 인간으로서
가장 큰 죄인 인생을 낭비한 죄이니라! 너는 유죄다!'"

– 영화 〈빠삐용〉

제품 자체보다도 브랜드의 로고를 더 갖고 싶게 만들었던

필 나이트의 나이키는 전 세계 스포츠의 아이콘으로 부상해

스포츠용품 시장 부동의 1위를 지키고 있다.

★ ☆ ★ ☆

Have a nice day [3]

오늘은 〈빠삐용〉 이야기를 해볼까요.

인간의 특징을 설명하는 것 중에 '밥만 먹고 사는 존재가 아닌 꿈과 희망을 먹고 사는 존재'라는 표현이 있습니다. 이 말은 '명확하고 선명한 꿈이 없다면 그는 이미 죽은 자와 같다'고 할 수 있을 것입니다. 그리고 인간으로서 우리가 추구하는 가장 선명한 가치로는 가슴 뛰는 자유일 것입니다. 아니, 자유여야 합니다.

도망가다 잡히고 또 도망가다 잡히면서도 자유(自由)를 찾아 기약 없는 탈출을 시도하는 이야기. 영화 〈빠삐용(Papillon)〉의 주제는 '인생을 낭비한 죄'라는 검사의 꾸지람을 듣는 악몽에서 가장 잘 드러나지요. 선명한 주제의식과 함께 공통점이라고는 살려는 의지와 이제 마지막 죽을 장소에 버려진 두 남자 빠삐용(스티브 맥퀸 분)과 드가(더스틴 호프만 분)가 주인공으로 일생일대의 연기를 펼치지요.

1931년 앙리(가슴에 나비 문신이 있어서 '빠삐용'으로 불림)는 홍등가에 놀러갔다가 이상한 사건에 연루되어 살인자의 누명을 씁니다. '죄가 없다'는 호소에도 불구하고 그는 프랑스령 기아나에 있는 교도소로 향하는 도중 배 안에서 채권위조범 드가를 만나 친해진 뒤 교도소에 도착해 그와 함께 탈출을 시도합니다.

1934년 생 로랑의 병원에서 맨 처음 탈출을 시도한 이후 11년간 무려 8번에 걸쳐 탈출을 계획하고 실행했으나 번번이 실패하지요. 그렇게 탈출 기도는 거듭해서 실패로 끝나고, 오랜 교도소 생활로 백발이 된 빠삐용은 마지막으로는 '악마의 섬'이라는 외딴 섬에 유배됩니다. 여러 번의 탈출을 실패한 끝에 급기야 '디아블(악마의 섬)'에 드가와 함께 버려진 것입니다.

이곳은 거센 파도가 몰려오는 데다 바닷속에는 상어떼가 우글거려 탈출이 절대적으로 불가능한 곳이죠. 그곳에 온 수용자들은 죽을 때까지 밖으로 나올 수 없고 그곳에서 죽어야 해 '수용자들의 무덤'이라 불리는 곳입니다. 그러나 희미한 희망마저도 보이지 않는 그곳을 벗어날 궁리를 합니다.

"빠삐용은 탈출이 원천적으로 불가능한 절망적인 악마의 섬에서도 굴하지 않고 끊임없이 파도가 몰아치는 바다를 보면서 자유를 찾겠다는 희망을 버리지 않는다. 결국 그곳에서 벗어날 방법을 찾아낸다."

머리는 이미 백발이 되었고 이도 몽땅 빠진 몰골에 고문 후유증으로 절룩거리면서도 그는 탈출 방법을 찾기 위해 매일 절벽에 나와 야자열매 포대를 바다로 던지며 해류를 연구합니다. 마침내 빠삐용은 거친 파도의 출렁거림 속에서 하나의 규칙을 발견합니다.

바로 '이안류(離岸流)'인데 해안에서 바다로 급격히 흐르는 해류로, 섬 쪽으로 세차게 몰아치던 파도가 일정한 주기마다 한 번씩 바다로 밀려나는 현상입니다. 드디어 빠삐용은 야자열매 포대 두 개를 연결한 뗏목을 안고 바다로 뛰어들어 탈출에 성공합니다.

빠삐용의 탈출을 도와 자유를 찾게 해준 이안류는 해안으로 밀려오다가 먼 바다 쪽으로 빠르게 되돌아가는 해류를 의미합니다. 이것은 파도와 지형 등이 만나 생기는 자연스러운 현상이긴 하나 폭이 좁고 유속이 빠르기 때문에 해수욕장 등에서 이 해류에 휩쓸려 사망하는 사고가 발생하기도 합니다.

이안류는 해수면 아래로 이동하기 때문에 수면 위에서 알아채기 어렵지요. 그래서 더욱 위험한데 초속 2~3m 이상의 빠른 속도로 흐르는 이안류는 폭이 10~30m 정도에 달한다고 알려져 있습니다. 그렇기 때문에 일단 이안류에 휩쓸리면 수영에 능숙한 사람도 혼자 힘으로 빠져나오기가 힘들지요.

이안류는 기상이나 지형 등의 원인이 복합적으로 작용해서 발생합니다. 주로 해변으로 몰린 바닷물이 고르게 바다 쪽으로 흘러나가지 않고 어느 한곳으로 집중돼 빠져나갈 때 나타나는 현상이지요. 먼 바다에서부터 밀려온 파도는 육지와 부딪치고 육지에 막혀 더 이상 갈 곳이 없는데도 끊임없이 파도는 밀려오지요. 만약 육지가 평탄한 지형이라면 밀려온 바닷물은 이리저리 뒤섞이며 조금씩 다시 먼 바다로 돌아가게 되는 것이지요.

야자열매 포대를 던지며 해류를 연구하던 빠삐용은 이를 확인한 후 탈출을 결행합니다. 그는 수십 미터의 절벽에서 야자열매가 가득 담긴 포대를 떨어뜨리고 곧이어 자신도 뛰어내리죠. 이어 포대에 올라타고 파도에 몸을 맡겨 악마의 섬을 탈출합니다. 자유를 찾은 빠삐용이 야자열매 보트(포대) 위에서 파도에 흔들리며 외칩니다.

"이 자식들아, 난 이렇게 살아있다!"

바다로 뛰어내린 빠삐용은 수평선으로 점차 멀어져가고, 단 한 명의 동료였던 드가는 이런 모습을 물끄러미 지켜보다가 쓸쓸히 발길을 돌립니다. 영화에서 비추는 드가의 눈동자는 처절합니다.

어쨌든 이안류의 도움을 받아 악마의 섬을 벗어난 빠삐용 위로 태평양을 비추며 메아리처럼 울려 퍼지는 주제곡인 앤디 윌리엄스(Andy Williams)의 〈바람처럼 자유롭게(Free as the Wind)〉는 목숨 걸고 무모한 탈출을 감행한 충분한 이유가 되지요.

수많은 우여곡절이 있었지만 결국에는 탈출에 성공해 자유를 찾은 빠삐용의 도전은 결국 '인생을 낭비한 죄'라는 판결을 극복하지요. 영화에서 가장 인상적인 장면인데 빠삐용이 꿈에서 자신을 기소한 검사와 대면하는 장면입니다.

억울한 살인 누명을 쓰고 절해고도에 갇힌 빠삐용은 어떻게든 탈출해서 누명을 벗으려 합니다. 그러나 탈출은 실패하고 독방에 갇혀 죽음을 기다리고 있을 때 악몽을 꿉니다. 먼 사막의 지평선에 검사가 나타나 빠삐용을 바라볼 때 외칩니다.

"난 사람을 죽이지 않았소!"

그렇게 '나는 결백하다. 죽이지 않았다. 증거도 없이 뒤집어씌운 거다'라고 항변하는 빠삐용에게 검사는 말합니다.

"그건 맞다. 너는 사람을 죽이지 않았다. 그렇지만 너는 살인보다 더한 죄를 저질렀다."

'살인보다 더 한 죄?'하면서 빠삐용은 억울하다는 듯 묻습니다.

"그게 뭡니까?"

그러자 검사는 죄 중의 가장 중죄라고 하면서 단호하게 말합니다.

"인생을 낭비한 죄다! 너를 기소한다, 인생을 낭비한 죄로…."

그 말을 듣고 빠삐용은 고개를 떨굽니다. 인생을 낭비한 것이 유죄라면 자기는 유죄가 맞다고 인정합니다.

"유죄! 유죄! 유죄!"

지금보다 젊었을 때 이 영화를 보고 '인생을 낭비한 죄'라는 말에 가슴이 쿵 하고 내려앉고 곰곰 생각했던 기억이 생생합니다. 그 울림은 빠삐용의 자유를 향한 초인적인 집념보다 몇 배나 더한 것이었습니다. 사실 빠삐용의 기소 죄명으로부터 자유로운 사람은 많지 않을 것입니다. 검사의 정확한 대사는 이렇습니다.

"Yours is the most terrible crime a human being can commit, I accuse you… of a wasted life."
("인간이 저지를 수 있는 가장 최악의 범죄, 인생을 낭비한 죄로 너를 기소한다.")

물론 빠삐용 역시 처음에는 자기가 무죄라고 항변하지만 사실 부연 설명하지 않아도 인생을 낭비한 것이야말로 가장 큰 죄일 것이고, 이는 빠삐용도 인정을 하는 것이지요. 인생을 낭비한 죄를 물을 때 자유로울 수 있는 사람이 누가 있겠습니까?

66

인간은 꿈과 희망을 먹고 사는 존재로 최고의 가치는 '가슴 뛰는 자유'일 것입니다. 그중에서도 '지금보다 더 나은 삶에의 기회 추구'는 살아가는 이유일 것입니다. 최고의 가치로 더 나은 삶을 원한다면 필요조건이 돈 문제로 귀결됩니다. 말하자면 '돈으로 부터의 자유'쯤 되겠지요.

그런 자유를 얻기 위해서는 꿈과 열정, 용기도 필요하지만 더 중요한 포인트는 빠삐용처럼 '부(富)의 이안류(離岸流)'를 찾는 것이 아닐까요. 그래야 (악마의 섬과 같은) 돈 문제로부터 탈출할 수 있을 테니까요. 그런 이유로 다음 격언은 인생의 의미를 가장 정확하게 표현한 것이라고 볼 수 있지요.

"사람의 한평생은 돈을 벌기 위해 보내고 나머지 생은 그 돈을 쓰기 위해 보낸다."

마침내 영화는 '악마의 섬'으로부터 탈출에 성공한 빠삐용과 마지막 순간 그 자리에 주저앉아 안주하는 드가를 비춥니다. 절해고도의 유일한 친구인 빠삐용이 저 멀리 바다로 나가는 것을 지켜보면서 드가는 체념한 채로 쓸쓸히 섬에 남습니다.

어쨌든 엄청난 이 영화는 20세기 최대의 죄수 앙리 샤리에르의 모험담을 기초로 주인공의 자유에 대한 강렬한 동경과 우정을 감동적으로 그리고 있습니다.

실화를 바탕으로 스토리가 진행됨으로서 많은 생각을 하게 하는 영화인데, 빠삐용으로 하여금 실패를 거듭하면서도 목숨을 걸고 무모한 탈출을 계속 감행하도록 한 요인은 무엇일까요? 도대체 그는 무엇으로부터 탈출하고자 한 것일까요?

인신의 자유라는 관점에서 본다면 악마의 섬에서도 빠삐용과 드가는 이미 충분히 자유롭습니다. 섬에 머물러 있는 한 어떤 제약도 없습니다. 그러나 두 사람은 마지막 순간 서로 다른 선택을 합니다.

사실 인생은 도전하고 덤비는 자에게는 너무나 가혹하지만 순종하는 자에게는 달콤할 수 있습니다. 인생을 체념하며 현실에 안주하는 것이 더 편할 것입니다. 마지막 순간 드가는 어렵고 힘든 도전을 외면하고 여생을 고도에서 보내는 길을 택합니다. 그것은 자유를 포기한 대가로 주어진 것이지요.

자유(自由)라는 가치는 어려운 화두이나 영화에서는 탈출해서 무엇을 할 거냐는 물음에 빠삐용은 아직 생각해볼 겨를이 없었다고 답합니다. 영화 내내 단 한 번도 빠삐용의 입을 통해 자유가 얼마나 숭고하고 가치 있는 것인지 등의 말을 한 적도 없습니다.

그러나 그가 끝까지 추구하고 마침내 이룬 것은 '인생을 낭비한 죄'로부터 자유를 얻는 것이지요. 물론 이것은 영화 이야기로만 끝나는 것이 아니지요. 가령 다음과 같은 언급은 우리 삶의 본질을 꿰뚫고 있다고 볼 수 있습니다.

"잡히고 또 잡혀도 끝내 탈출하여 자유를 찾는 빠삐용처럼 '돈의 이안류(離岸流)', 더 나아가 '인생의 이안류'를 찾아 결국 '나는 인생을 낭비한 죄'에 해당 안 된다고 자신 있게 얘기할 수 있는 삶을 살아야 하는 것이 우리 모두에게 주어진 숙제이다."

자유에 대한 인간의 갈망을 감동적인 이야기로 풀어간 〈빠삐용〉의 주인공 앙리 샤리에르는 1906년 11월 16일 프랑스 아르데슈에서 태어났습니다. 1931년 파리 몽마르트르의 포주를 살해한 혐의로 무기징역형을 선고받고 프랑스령 기아나의 교도소로 보내집니다.

기아나 교도소에서 그는 채권위조범으로 잡힌 백만장자 '드가'를 만나게 되는데, 그의 돈을 노리는 죄수들로부터 위험에 처해지고 빠삐용은 탈출 자금을 받는 조건으로 드가를 보호합니다.

이후 목숨을 건 8번의 시도 끝에 드디어 탈출에 성공하여 1944년 베네수엘라 '주민'이 되어 그곳에 정착합니다. 그는 1968년 자신의 체험을 풀어낸 소설《빠삐용(Papillon)》을 출간합니다. 이 책은 곧바로 조국 프랑스를 비롯한 세계의 베스트셀러가 되기에 이릅니다.

1973년 그의 저서를 원작으로 한 영화 〈빠삐용〉이 개봉되면서 다시 한 번 전 세계적인 영웅으로 부상합니다. 인간 승리의 상징이 됩니다. 샤리에르는 그해 7월 29일 스페인 마드리드의 한 병원에서 후두암으로 한 많은 생을 마감합니다.

그는 죽었지만 우정을 쌓아가며 서로 의지하게 된 두 사람이 이후 목숨을 건 탈출을 감행하면서 오로지 자유만을 꿈꿨던 두 남자의 뜨거운 이야기는 영원히 남았습니다.

그리고 영화는 '인생을 허비한 건 유죄'라는 메시지와 자유를 향한 끝없는 탈출, 그리고 마지막으로 수감된, 죽어서야 나올 수 있다는 악명 높은 '디아블, 즉 악마의 섬'에서 탈출함으로서 인간의 의지 앞에 불가능은 없다는 생생한 기록을 남깁니다.

〈빠삐용〉을 보면 자유를 빼앗기고 교도소에 갇히게 된 주인공이 자기는 무죄라고 항변하자 '너는 인생을 낭비한 죄'로 유죄라고 하는 대목은 많은 생각을 하게 됩니다. 꼭 영화의 사연이 아니라도 인간이라면 누구나 태평양을 배경으로 메아리처럼 울려 퍼지는 〈빠삐용〉의 주제곡 〈바람처럼 자유롭게〉를 추구할 것입니다.

많은 자료에 의하면 우리는 조만간 평균 수명이 100세까지 살 수 있는 시대를 맞게 된다고 합니다. 말하자면 긴긴 세월을 살아야 한다는 것이지요. 누구나 열심히 살지만 관건은 '인생을 낭비하는 죄'를 저지르지 않고 자신의 꿈을 향해 나아간다는 숙제가 주어진 것입니다. 그것은 자신이 원하는 곳에 도달하기 위해서지요.

필 나이트
35달러(약 5만 원)로
35조 원의 가치를 만들다

"기업가는 결코 포기해서는 안 된다고 말하는 사람들이 있다.
그들은 한마디로 사기꾼이다. 기업가는 때로 포기할 줄 알아야 한다.
포기해야 할 때를 알고 다른 것을 추구해야 할 때를 아는 지혜가 필요하다.
포기는 중단을 의미하지 않는다. 기업가는 결코 중단해서는 안 된다."
— 필 나이트(나이키 창업자)

　슈퍼 리치답게 스포츠용품의 대표적인 브랜드인 '나이키'의 창업자, 필 나이트(Phil Knight)의 기부는 통이 크다. 그는 최근 미국 오리건주 포틀랜드의 흑인 커뮤니티 재건을 위해 무려 4억 달러(약 5,330억 원)를 기부했다고 한다. 이런 소식을 전한 〈월스트리트 저널(WSJ)〉 2023년 4월 24일자에 의하면 필 나이트의 기부는 이번이 처음이 아니라고 보도하고 있다.

　이미 그는 자신이 졸업했던 스탠퍼드대학교 경영대학원에 1억 500만 달러를 기부했었고, 자신의 모교인 오리건대학교에는 3억 달러 이상의 기부금을 냈다고 한다. 이 액수는 역사상 최대의 대학 기부금이라고 하며 당연히 나이트는 큰 영예를 누리기도 했다. 역시 슈퍼 리치답게 기부도 통크게 하고 있는 것이다.

제품 자체보다도 브랜드의 로고를 더 갖고 싶게 만들었던 나이키는 전 세계 스포츠의 아이콘으로 부상해 스포츠용품 시장 부동의 1위를 지키고 있다. 전직 육상선수 필 나이트와 그의 코치였던 빌 보워먼(Bill Bowerman)이 공동 설립한 나이키로 인해 나이트는 2022년 현재 452억 달러 재산을 가진 세계 25번째 부자가 되었다.

2023년 4월 19일 종가 기준 나이키의 시가총액은 1,939억 8,000만 달러로, 한화로 약 255조 6,500억 원이다. 말하자면 255조 원의 회사로 성장한 셈인데 특히 '스우시(Swoosh)'라고 불리는 나이키의 로고는 가치로만 260억 달러에 달하는 것으로 분석된다. 정말 재미있는 것은 이 로고를 만드는데 든 돈이 35달러였다는 사실이다.

"나이키 하면 골프장 그린에서 퍼팅을 성공시킨 뒤 오른손을 불끈 쥐는 타이거 우즈와 스프링처럼 튀어 올라 덩크슛을 넣는 마이클 조던의 모습이 먼저 떠오른다."

타이거 우즈(Tiger Woods)와 마이클 조던(Michael Jordan)의 얼굴과 함께 자연스레 그려지는 이미지가 스우시이다. 바로 스포츠 브랜드 나이키의 로고다. 우즈가 입은 티셔츠의 왼쪽 가슴과 조던이 신은 운동화에는 어김없이 나이키 로고가 붙어 있다. 차고에서 시작한 창업의 역사는 신화가 된 것이다.

미국 경제 전문지 《포브스》에 따르면 금리 상승, 치솟는 인플레이션, 경제 악화, 기술주 급락 등으로 억만장자(슈퍼 리치)들의 자산 감소가 심각했다. 그 결과 2022년 기준으로 세계의 억만장자들의 자산 손실이 급격해 거의 2조 달러(약 2,536조 원)나 순자산이 감소한 것으로 나타났다.

《포브스》 집계로는 미국 최고 부자들의 경우 역대 최고의 손실을 입었고, 그 가운데 일론 머스크 테슬라 최고경영자(CEO)의 자산 감소가 가장 컸다고 한다. 머스크는 2022년 자산의 거의 절반인 약 1,150억 달러가 사라지며 세계 최고 부호 자리를 내놓았다. 하지만 여전히 1,390억 달러의 순자산을 가지며 미국 최고 부자 자리는 지켰다.

머스크만큼은 아니지만 다른 미국 억만장자들도 타격을 크게 입었다. 제프 베조스 아마존 창업자는 800억 달러의 자산을 잃었고 남은 순자산은 1,068억 달러다. 마크 저커버그 메타플랫폼 공동 창업자는 780억 달러를 잃고 남은 순자산은 427억 달러라고 하며, 래리 페이지 구글 공동 창업자는 400억 달러 손실을 맛봤고 768억 달러 자산이 남았다고 한다. 그리고 필 나이트 나이키 회장은 183억 달러 재산을 잃었지만 현재 452억 달러를 갖고 있다고 한다.

이렇게 큰 부자는 돈에 대해 어떤 철학을 가지고 있을까?

사업 시작 후 반세기가 훨씬 지난 지금 부자가 되려는 사람들에게 필 나이트는 자기가 할 수 있는 최선의, 어쩌면 유일한 충고라면서 이렇게 말한다.

"나는 누구에게든지 이런 충고를 해주고 싶다. 예컨대 돈에는 다음과 같은 본질적인 모습이 있다. 많든, 적든, 좋아하든, 그렇지 않든 돈은 당신의 일상을 정의한다. 우리의 과제는 돈이 우리의 일상을 지배하지 않도록 하는 것이다."

미국 오리건주 태생의 필 나이트는 고등학교 때부터 중거리 육상선수였다. 그는 저널리즘을 전공했던 오리건대학교와 스탠퍼드대학교 MBA 재학 중에도 육상을 계속했다. 1마일(약 1.6km)을 4분 10초에 돌파한 것이 그의 최고 기록이라고 한다.

대학 졸업 후 군대에 갔다 온 뒤, 스탠퍼드대학교에서 그의 운명을 바꾼 수업을 듣게 된다. 프랭크 쉘런버그(F. Shallenberger) 교수의 〈창업론〉 강의에서 자신의 기업가적인 자질을 발견한 것이다. 나이트는 당시를 이렇게 회상하곤 한다.

"교수님이 기업가의 자질을 이야기하는데 마치 내 얘기를 하는 것 같았다. 진정 원하는 일을 찾은 순간이었다."

1962년 스탠퍼드대학교 MBA를 졸업한 나이트는 일본으로 여행을 떠났다. 이때 고베에서 일본 운동화 제조업체인 오니츠카 타이거(현재 아식스)의 싸고 품질 좋은 신발을 발견하게 된다. 육상선수 출신이었기에 그는 편안하고 가벼운 운동화를 누구보다 잘 알아볼 수 있었다. 그는 운동화를 보는 순간 사업성을 봤다고 한다.

신발의 중요성을 잘 아는 그는 무작정 오니츠카 본사를 찾아가 미국 서부 지역 독점판매권을 얻어냈다. 계약을 하고 귀국해서 아버지집 지하 차고에 사무실을 차린 후 본격적으로 사업을 시작했다.

하지만 당시 물건이 배로 운송되는 데만 1년이 넘게 걸렸고, 그동안 그는 회계사와 포틀랜드주립대학교 조교수로 일을 했다고 알려졌다. 그는 이때를 이렇게 회상한다.

"1962년 새벽 나는 나에게 이렇게 선언했다. '세상 사람들이 미쳤다고 말하더라도 신경 쓰지 말자. 멈추지 않고 계속 가는 거다. 그곳에 도달할 때까지는 멈추는 것을 생각하지도 말자. 그리고 그곳이 어디인지에 관해서도 깊이 생각하지 말자. 어떤 일이 닥치더라도 멈추지 말자.'"

우여곡절 끝에 운동화가 도착하자 나이트는 우선 자신의 육상 코치였던 빌 보워먼에게 운동화 두 켤레를 우편으로 보냈다. 운동화에 관심이 많았던 보워먼에게 품질에 대한 조언을 구하고 운동화도 팔아볼 심산이었다.

그런데 뜻밖에도 보워먼은 동업을 제안한다. "나에게 좋은 운동화를 만들 아이디어가 많다"고 말하면서였다.

의기투합한 두 사람은 1964년 각각 500달러씩 내 차린 회사가 나이키의 전신인 '블루리본 스포츠(BRS)'이다. 1971년에 이르러 블루리본 스포츠는 그리스 '승리의 여신 니케(Nike)'로부터 영감을 받아 나이키로 이름을 바꾸었다. 나이키도 초창기에는 주로 일본 회사인 오니츠카 타이거(현재 아식스)가 만든 신발을 판매했다.

이들은 조그만 승합차에 수입한 신발을 신고 다니며 팔기 시작했다. 그러나 빚을 얻어 의욕적으로 사업을 시작하고 어렵게 신발을 수입했지만 선뜻 받아주는 스포츠용품점들은 없었다. 그러나 포기하지 않고 고객을 직접 찾아 나선다.

"고객이 찾아올 가게가 없다면 내가 직접 고객을 만나러 가면 된다."

어쨌든 이들은 전국의 육상대회장을 찾아다녔다. 창업 후 6년간 월급은 한푼도 못 가져갔으며 은행 대출을 받으러 다니다 신경성 안면장애까지 겪었다고 한다. 그는 좌절도 포기도 몰랐다. 나이트는 당시를 이렇게 얘기하곤 한다.

"겁쟁이들은 시작조차 하지 않았고 약한 자들은 중간에 사라졌다. 그래서 우리만 남았다."

말처럼 그는 중간에 포기하는 법을 몰랐고 결국 그런 근성이 세계에서 가장 돈을 많이 버는 자수성가형 CEO 중 한 명이 될 수 있었다.

드디어 1971년 꿈에 그리던 자체 브랜드 '나이키'를 내놓은 그는 잇따라 혁신적인 제품을 히트시키면서 1980년 아디다스를 제치고 미국 내 판매 1위를 차지했다.

1993년엔 스포츠화 생산 1억 켤레를 돌파해 나이키를 아디다스와 아식스 등을 제치고 세계 최고 스포츠용품 회사로 키웠다. 오늘날 나이키는 전 세계적으로 75,000명 이상의 직원을 고용하며 190개 이상의 국가에서 사업을 운영하는 글로벌 브랜드로 성장했다.

2023년 4월 19일 종가 기준으로 나이키의 시가총액은 한화로 약 255조 원이다. 특히 스우시(Swoosh)라고 불리는 로고는 가치로만 260억 달러에 달하는 것으로 분석된다. 로고를 만드는 데 35달러가 들었는데 그 가치가 35조 원으로 평가받는 것이다. 로고로만 해도 수억 배의 이문을 남긴 나이키의 브랜드 탄생기는 드라마틱하다.

잘 알려진 것이지만 나이키를 상징하는 스우시 로고는 회사 이름보다 먼저 만들어졌다. 이 로고의 탄생은 1971년으로 거슬러 올라간다. 나이키의 공동 설립자인 필 나이트가 그의 회사 로고를 만들기 위해 당시 포틀랜드주립대학교의 대학생이었던 캐럴린 데이빗슨에게 부탁을 한다. 로고를 만들어 달라고 하면서 필 나이트가 내세운 조건은 단 두 가지였다.

"아디다스나 오니츠카의 디자인과 달라야 하며, 가급적이면 동적인 느낌이 들어가면 좋겠다."

　말하자면 속도와 움직임을 상징할 수 있는 로고를 만들어 줄 것을 요청했는데 너무 막연하고 필 나이트조차 어떤 걸 원하는지 모르는 상태였다. 애매모호한 필 나이트의 요구에 캐럴린은 2주간의 장고 끝에 결과물을 내놓는데 결과적으로 멋진 로고를 만들어낸다.

　그녀는 다양한 디자인을 실험하여 궁극적으로 움직임과 속도를 나타내는 단순하고 우아한 상징인 스우시를 고안해 낸 것이다.

　이 로고에 대한 필 나이트의 첫 인상은 '뚱뚱하게 생긴 번개'였다고 한다. 두툼하게 생긴 체크 부호 같기도 해서 해당 로고에 대해 필 나이트는 마음에 들지 않았지만, 그래도 날개같이 보인다거나 바람이 휙 소리를 내고 지나가는 동적인 느낌이 든다는 꿈보다 해몽 같은 이야기를 하며 마지못해 받아들인다.

"당시 대가로 제공한 돈이 35달러짜리 수표였다고 한다. 말하자면 35달러 투자가 현재 260억 달러의 가치로 뒤바뀐 것이다."

　사실 캐럴린 입장에서는 억울할 것도 같은데 꼭 그렇지만은 않다고 한다. 왜냐하면 캐럴린은 이후 나이키에 입사를 하고 많은 스톡옵션 주식을 챙겨 꽤 짭짤한 돈을 벌게 됐기 때문이다.

필 나이트는 나이키 로고도 만들어지자 1972년부터는 직접 신발을 만들어 팔기 시작했다. 이때 나이키 성공의 발판이 된 것이 동업자인 빌 보워먼이 고안해 낸 격자무늬 밑창을 깐 운동화, 일명 '와플 트레이너'이다.

보워먼은 아내가 와플을 굽는 것을 보고 운동화 밑창에 와플의 격자무늬를 넣으면 어떨까 하는 아이디어를 떠올렸다. 이후 와플 기계에 고무를 부어 만든 밑창을 운동화 바닥에 붙이면서 와플 트레이너의 역사가 시작되었다.

다음의 언급만 봐도 육상선수 출신인 필 나이트가 육상과 런닝에 얼마나 진심인지, 운동화와 러닝화에 얼마나 진심이 담겨 있는지를 잘 나타내준다. 또한 이런 진심을 바탕으로 한 그의 사업에 대한 철학은 업종이 달라도 경영자들이 새길 만한 화두(話頭)이다.

"나에게는 달리기에 대한 믿음이 있었다. 나는 사람들이 매일 밖에 나가 몇 킬로미터씩 달리면 세상은 더 좋은 곳이 될 것이라고 믿었다. 그리고 내가 파는 신발이 달리기에 더없이 좋은 신발이라고 믿었다. 믿음, 무엇보다도 믿음이 중요했다."

나이키의 성공 신화에는 로고 못지않게 슬로건도 한몫한다. 예컨대 그 유명한 나이키의 모토 'Just do it'은 사형수 게리 길모어의 말에서 영감을 받아 출발했다고 한다. 도전을 강조하는 말로 '이보다 더 좋은 카피가 있을까?' 싶을 정도로 'Just do it'이라는 나이키의 광고 문구는 도전적이고 진취적인 스포츠 브랜드로써 나이키의 이미지와 너무나도 잘 맞아떨어지는 광고 문구이다.

이 멋진 슬로건은 1988년에 처음 등장한다. 이 문구를 만든 사람은 나이키의 광고를 맡았던 광고대행사 대표인 '댄 비덴'이 아이디어를 냈다고 한다.

댄 비덴은 어떻게 훌륭한 광고 문구를 생각해낼 수 있었을까?

놀랍게도 범죄자, 즉 사형수를 통해 영감을 받았다고 한다. 미국 역사상 최악의 사형수라고 알려진 사람은 '게리 길모어'인데 길모어는 유타주에서 남녀 2명을 죽인 혐의로 사형선고를 받은 범죄자였다.

그는 총살형을 선고받게 되는데 형 집행 당일 "마지막으로 할 말이 있습니까?"하고 묻자 이렇게 답한다.

"Let's do it = 해보자."

댄 비덴은 여기서 영감을 받았다고 하는데 그의 얘기를 들어보자.

"나는 사형수 길모어의 최후 진술을 듣고 번득이는 생각이 떠올라 광고 문구로 쓰기로 했는데, 'Let's do it'만으로는 실패할지 모르는 도전적인 상황에서 스포츠의 의미를 살리기에는 부족하다 생각이 들어 조금 변형을 해서 만든 것이 바로 'Just do it'이다."

짧은 광고 문구가 가진 힘은 상상을 초월하는데 결국 이 슬로건으로 인해 나이키는 당시 라이벌이던 리복의 매출을 추월하는데 성공한다. 그리고 30년도 훨씬 지난 현재까지 나이키의 대표 광고 문구로 사용되고 있다. 나이와 성별, 건강상태를 떠나 사람들에게 'Just do it = 당장 해라'라는 메시지를 전달하고 있는 것이다.

지구촌이 코로나19로 인해 일상이 파괴된 시기인 2021년에 등장해서 또 한번 나이키의 비상을 알린 문구가 바로 'You can't stop us'이다. 직역하자면 '너는 우리를 멈출 수 없어'라는 뜻이 될텐데 뜻밖의 이 광고 문구가 코로나19로 지친 사람들에게 큰 위안과 화제를 모았다.

당시는 코로나19 바이러스가 전 세계에 침투해 집 밖을 나가는 것조차 두려웠던 시기였고, 그것을 반영한 것으로 'Just do it'으로 유명한 스포츠 브랜드 나이키의 새로운 메시지였던 것이다. 여기서 가리키는 '너'는 코로나19가 될 것이고 '우리'는 코로나19와 맞서 싸워온 우리 모두를 뜻하는 것이다.

이런 나이키의 바람대로 코로나19는 우리를 이기지 못했고, 드디어 마스크를 벗고 일상으로 돌아가는 새 기준의 시대가 대두되었다. 이처럼 스포츠를 넘어 사회적 메시지를 던지고 스니커즈를 필두로 한 새로운 문화를 창출하고 있는 나이키. 운동화에서 시작해 스포츠를 넘어 하나의 문화로 자리 잡은 나이키의 변신이 앞으로는 어떤 새로운 것들을 만들어낼지 벌써 기대가 된다.

'그 시작은 미약하나 끝은 창대하리라'라는 《성경》 구절처럼 나이키의 시작은 보잘 것 없고 즉흥적이었지만 그 끝은 아직도 진행형인 것이다. 그 중심에 필 나이트가 있다.

원래 육상선수였으며, 사람을 소중히 함으로써 '동료(제프 존슨, 우델, 보워먼 코치, 아내 페니 등) 수집가' 소리를 듣기도 하고, 시작은 작게 했으나 자신이 잘 알고 있는 분야, 무엇보다 꿈이 많았던 사나이였다는 점 등이 제2의 필 나이트를 꿈꾸는 사람들에게 큰 울림을 준다. 그가 대학 졸업식에 초청받아 했던 연설의 한 대목이다.

"천직을 찾아라. 그것이 무엇인지 잘 모르더라도 계속 찾도록 노력하라. 20대 중반의 젊은이들에게 직업에 안주하지 말 것을 권한다. 천직을 찾으면 힘든 일도 참을 수 있고, 낙심하더라도 금방 떨쳐버릴 수 있다. 그렇게 해서 성공에 이르면 지금까지 느꼈던 것과는 전혀 다른 기분을 느낄 수 있을 것이다."

명품의 가치, 명품 인생의 3가지 동일점

:

"사람도 명품이 있을 것이고 그것은 일을 할 때
강조하는 방점이 달라야 하지요. 우선순위에 대한 고려인데,
예컨대 의욕적으로 많은 일을 하는 것도 좋지만
양보다는 질이 더 중요하지요. 품격을 갖추는 자세가 꼭 필요하죠."

- 《백만장자 연금술》

미셸 강 회장은 '미국에서 여성이 세운 회사는

100만 달러 매출을 넘기기 힘든 경우가 많다'면서

그런 한계를 뛰어넘게 하는 것은 다른 사람들의 힘이고

협업이며 팀워크라고 강조한다.

★ ☆ ★ ☆

Have a nice day [4]

오늘은 명품(名品) 얘기를 해보겠습니다.

사람이 하는 모든 행위를 계속하여 향상시키는 습관을 '탁월성'이라고 부르지요. 보통 향상시킨다는 표현을 쓰는데 이를 뛰어넘어 최선이 아니면 만족하지 않는 것이 바로 탁월함입니다. 그러므로 탁월함이란 삶의 질적 수준이면서 보통의 지혜를 뛰어넘는 관심과 보통의 안전 개념을 뛰어넘는 모험, 그리고 보통의 가능성을 뛰어넘는 기대를 걸었을 때라고 정의할 수 있지요.

결국 탁월함이란 지속적인 가치를 발하는 뛰어난 결실을 얻고자 최상의 기량을 발휘하려는 헌신을 말한다고 할 수 있지요. 탁월함이란 명품의 조건 중의 하나일텐데, 말하자면 명품은 자신의 가치가 변하지 않고 그대로 유지되도록 해야 하는 것을 의미하지요.

루이비통이 전 세계적으로 신뢰를 받고 유명하게 된 계기는 타이태닉호의 침몰과 관련이 있습니다. 1912년 4월 14일 호화 여객선 타이태닉호가 빙산에 부딪혀 침몰하지요. 수많은 사람들이 희생됐고 모든 것이 물속으로 사라졌습니다. 그런데 그 많은 승객의 짐 가운데 루이비통 트렁크만이 가라앉지 않아 일부 승객은 트렁크에 매달려 버티다가 구조되지요.

오랜 세월이 흘러 타이태닉호의 선체에서 발굴팀에 의해 건져진 가방이 형체가 그대로 살아있었고, 가죽의 질이 크게 손상되지 않았을 뿐만 아니라 물도 들어가지 않았다고 합니다. 루이비통만이 유일하게 내용물이 젖지 않고 건져진 가방이었던 것이지요. 그때부터 명품으로 알려지는 계기가 되었습니다.

이 이야기에서 몇 가지 사실을 알 수 있네요. 루이비통은 이미 100년 전에도 높은 기술력과 품질(Quality)을 갖췄고, 상류층(Target) 고객의 사랑을 받았으며 트렁크는 루이비통의 상징적인 주력상품(Staple Product)이라는 것입니다.

콜맨(Coleman)이 아이스박스를 만든 지는 100년이 넘었다고 합니다. 이 회사의 아이스박스 중 외장이 스테인리스로 되어있는 한 제품이 6시간 동안 화재의 현장 속에 있었습니다.

화재 3일 후 현장에서 발견된 콜맨 아이스박스를 열어보았더니 그 속에 넣어 두었던 얼음이 그대로 있었고, 더구나 그 안에 넣어둔 새우가 싱싱했다고 합니다. 당연히 제품의 우수성이 알려지게 되었고 그 회사 매출이 수십 배 뛴 것뿐만이 아니라 이때부터 콜맨 아이스박스는 전설이 되지요.

앞의 사례에서 본 것처럼 명품은 고유의 가치가 변하지 않고 그대로 유지되어야 합니다. 사례는 다르지만 예술작품 역시 같습니다. 아무리 세월이 흘러도 가치 있는 예술품은 제대로 된 평가를 받지요.

예컨대 2023년 6월 영국의 소더비 경매에서 오스트리아의 화가 구스타프 클림트가 마지막 남긴 초상화 〈부채를 든 여인〉이 8,530만 파운드(약 1,413억 원)에 낙찰되었지요. 유럽에서 열린 경매 사상 최고 낙찰가라고 하는데, 이 그림은 그가 1918년 작고한 후 작업실 이젤 위에서 발견되었다고 합니다.

이번 구스타프 클림트 이전의 경매 최고가, 즉 가장 비싸게 팔린 예술작품은 2010년 1억 430만 달러(약 1,355억 원)에 낙찰된 알베르토 자코메티의 조각 〈걷는 사람 I〉였지요. 사실 잘 와 닿지 않는 고가임은 분명하나 그런 가격에 낙찰되었다는 것은 그 가치가 충분하기 때문일 것입니다.

"'사람의 향기는 만리를 가고 인덕은 삼대를 간다'는 말처럼 명품의 가치는 오랜 기간 변하지 않기에 명품인 것이다."

명품의 가치는 오랜 기간 변하지 않고 유지되어야 하듯 사람 역시 명품 인생은 흔히 자신만의 독특한 3가지 마음을 가져야 한다고 말하지요. 처음의 마음을 잃지 않는 '초심', 모든 일에 최선을 다하는

'열심', 그리고 끈기 있게 마무리하는 '뒷심'이 있어야 한다는 것이지요. 그런 덕목에 충실함으로써 수백 년이 흐른 오늘까지 명품으로 추앙받는 악기인 바이올린 얘기를 해볼까요.

2011년 동일본 대지진 구호기금을 마련하기 위해 일본음악재단이 내놓은 바이올린 스트라디바리우스(Stradivarius)가 사상 최고가인 1,590만 달러(약 172억 원)에 낙찰되었습니다. 바이올린 한 대의 가격이 172억 원이라니 정말 대단하고 엄청나지요.

1700년대에 현악기 장인인 안토니오 스트라디바리가 만든 것인데, 이 바이올린의 제작 시기는 1721년입니다.

그럼 어째서 오래전에 생산된 옛날 바이올린이 이렇게 유명한 것일까요?

다른 어떤 바이올린도 스트라디바리우스의 은은한 소리를 재현해내지 못한다고 알려져 있지요. 당연히 사람들은 그 비결을 찾으려는 노력을 계속해 왔습니다. 문제는 그가 죽은 지 300년도 훨씬 전부터 비밀을 캐는 연구가 지금까지 계속되어 왔지만 그 비밀은 밝혀내지 못하고 있습니다.

물론 제조 비법에 관한 소문은 많이 돌았는데 그중 하나는 동체의 칠이 특별하다거나, 오염된 바다에서 건져 올려 바이올린 재료로 쓰인 나무들이 특별하다고도 말합니다. 그렇지만 그는 94세에 죽을 때까지도 바이올린 제조 비법을 아무에게도, 심지어는 그의 자식에게도 알려주지 않았습니다. 장인의 맥이 끊긴 것입니다.

어쨌든 세월이 많이 흐르고 2011년에 구호기금 마련을 위한 온라인 자선 경매에서 최고가에 낙찰된 이 바이올린은 영국의 낭만파 시인인 조지 고든 바이런의 손녀 앤 블런트가 소유했던 것으로, 그의 이름을 따서 '레이디 블런트'로 불립니다. 이전까지 바이올린 판매 최고가는 2010년 뉴욕에서 360만 달러(약 39억 원)에 팔린 1697년산 '몰리터'입니다.

사실 대부분 악기는 개인 딜러를 통해 거래되므로 가격에서 세계 기록이라는 개념이 존재하지 않지만 이번 경우는 다르지요. 최고가에 걸맞게 현존하는 스트라디바리우스 가운데 상태도 최상이고 흠집 하나 없는 최상품이라고 평가를 받지요. 그러면 스트라디바리우스가 이토록 값비싼 이유는 무엇일까요?

전문가들의 설명에 따르면 수제 악기의 품질은 좋은 목재, 적절한 도구, 최적의 악기 형태, 질 좋은 광택제를 선택하는 능력에 달려 있다고 말합니다. 헝가리의 현악기 제작자 티보르 제멜바이스는 이렇게 설명합니다.

"똑같은 나무에서 잘라낸 조각이라도 나무의 북쪽에서 베어냈는지, 남쪽에서 베어냈는지에 따라서, 심지어 기울어진 나무의 아랫부분인지, 윗부분인지에 따라서 품질이 천지 차이가 난다."

말하자면 명품의 탄생 조건인 셈인데 꼭 악기가 아니라 사람도 명품을 지향합니다. 가령 스트라디바리와 같은 칭찬을 받고, 명품 대접을 받고 싶으면서도 그만큼 노력은 기울이지 않는 사람이 많습니다. 값진 삶을 살려면 게을러지려는 성향과 평범함을 극복하고 탁월해지도록 꾸준히 개선해 나가야 합니다.

누군가가 말을 했는지는 정확하게 기억나지 않지만 다음과 같은 유명한 말이 있습니다.

"탁월함이란 보통의 지혜를 뛰어넘는 관심과 보통의 안전 개념을 뛰어넘는 모험과 보통의 가능성을 뛰어넘는 기대를 걸었을 때 나타난다."

그렇지요! 탁월함이란 지속적인 가치를 발하는 뛰어난 결실을 얻고자 최상의 기량을 발휘하려는 헌신이라고 볼 수 있습니다. 향상은 계속되어야 한다는 생각으로 최선이 아니면 만족하지 않는 것이 바로 탁월함인 것이지요.

이렇게 탁월함이란 곧 삶의 질적 수준을 나타내줍니다. 한편으로는 유명한 역사학자인 윌 듀런트는 '탁월함은 행동이 아니라 습관'이라고 말하고 있군요.

다시 처음으로 가서 '명품이란 무엇일까?'를 생각해 볼까요? 명품은 자신의 가치가 변하지 않고 그대로 유지되어야 합니다. 그런 관점에서 스트라디바리우스가 고유의 가치가 그대로 유지됨으로써 최고의 명기가 될 수 있었던 비결을 몇 가지로 정리해 볼 수 있겠습니다.

첫째는 장인의 솜씨, 둘째는 우수한 재료, 셋째는 비교적 충분한 제작과정과 가장 중요한 것으로 넷째 핵심에 집중하는 힘, 이른바 본질의 힘 등이 어우러진 결과라고 할 수 있습니다. 결국 명품은 세월이 많이 흘러도 자신의 가치가 변하지 않고 그대로 유지되어야 하는데 스트라디바리우스가 이에 해당합니다.

사람도 명품이 있다고 하면 그것은 우선 일을 할 때 강조하는 것, 이른바 방점이 달라야 하지요. 우선순위에 대한 고려일텐데, 예컨대 의욕적으로 많은 일을 하는 것도 중요하지만 양보다는 질이 더 중요할 것입니다. 말하자면 품격이지요.

지나서 보면 대가 중의 대가인 스트라디바리도 바이올린 하나를 잘 만들기 위해 핵심에 집중한다는 원칙을 고수했던 것이지요. 다음에 부연 설명하는 내용은 고품격의 바이올린 하나를 만들기 위해 자신의 일생을 불태웠던 스트라디바리를 잘 표현한 것 같습니다.

"필요 없는 것을 걸러내고 핵심만 붙잡는 것이 중요하다. '작지만 탁월하게' 혹은 '양보다 질' 등 본질에 집중하는 자세가 명품을 만든다."

사실 악기가 아니라 어떤 일을 하던 꼭 필요한 덕목입니다. 더구나 앞으로 전개될 AI시대, 4차 혁명시대에는 앞의 설명처럼 본질에 집중하는 몰입형 인간이 꼭 필요한 자세입니다.

지금부터는 각도를 달리해서 '명품 인생'의 조건들을 살펴볼까요. 우선 경제적인 측면으로 돈과 삶에 대해 알아보겠습니다. 유대인의 성전인《탈무드》에는 다음과 같은 덕목이 있습니다.

"인간이 동물과 다른 점은 돈 걱정을 한다는 것이다. 돈 걱정을 하는 동물은 인간 외에는 없다."

그런 표현처럼 어떤 사람은 삶의 목적이 흡사 돈버는 것이 전부인 양 돈버는 것에 목을 매기도 합니다. 돈이 삶의 전부가 되면 삶은 어떨까요? 행복할까요? 사실 돈을 많이 벌려고 하는 이유는 많습니다. 개인적인 것은 배제하고 교과서적으로 표현하면 이렇습니다.

"가난한 사람은 빈곤에서 벗어나기 위해서, 여유 있는 사람은 욕망 충족을 위해서 돈을 벌려고 노력하는 것이다."

사람이 행복을 논할 때 돈이 먼저 등장하는 이유는 가난이 주는 고통이 가혹하기 때문일 것입니다. 누구나 동의하겠지만 가난의 고통은 인간에게 최악의 두려움으로 작용하지요. 그러나 한편에서는 가난보다도 더 고통스러운 것은 잃어버린 시간이라고도 합니다. 지나가 버린 세월은 다시 돌아오지 않기 때문일 것입니다.

그런데 앞의 '잃어버린 시간'이 성립하기 위해서는 가난하지만 추억이 많은 사람이 부유하나 추억이 적은 사람보다 월등히 행복해야 한다는 전제가 필요합니다. 이 부분은 증명해 줄 사람이 있습니다.

  21세기 천재 중 한 명으로 스마트폰이라는 역사의 전환점을 만들고도 56세의 젊은 나이에 생을 마감한 스티브 잡스입니다. 그는 쉽게 발끈하고 초조해하는 성격을 가졌지만 자신이 추구했던 완벽주의 덕에 기업가적인 창조 신화의 아이콘으로 우뚝 선 스티브 잡스의 삶은 파란만장이라는 말로도 부족합니다.

  1976년 부모님 집 차고에서 애플(Apple)을 설립한 잡스는 1985년 회사에서 쫓겨났다가 1997년 다시 애플에 복귀해 거의 파산 지경에 이른 회사를 되살립니다. 그리고 2011년 10월에 세상을 떠날 즈음에는 애플을 세상에서 가장 비싼 회사로 키워놓았습니다. 그 과정에서 PC, 애니메이션 영화, 음악, 스마트폰, 태블릿, 소매매장, 디지털 출판 등 7개 산업의 변화에 기여했지요.

  잡스를 제대로 이해하려면 무엇보다도 그의 성격이 비즈니스 운영 방식에 커다란 영향을 미쳤다는 사실을 알아야 합니다. 잡스는 보편적인 규칙이 자신에게 적용되지 않는 듯 굴었고, 자신의 일상생활에 접목했던 열정과 집중력, 극단적일 정도로 감정을 중시하는 태도를 자신이 만들어내는 제품에도 똑같이 쏟아부었습니다.

그러나 그는 병을 극복하지 못합니다. 회한이 많은 듯 그는 생을 마감하는 병상에 누워 추억만이 진정한 부(富)라고 하면서 많은 추억을 쌓으라고 강조했지요.

"나는 많은 돈을 벌었다. 그러나 평생 내가 벌어들인 재산은 가져갈 도리가 없다. 내가 가져갈 수 있는 것이 있다면 오직 사랑으로 점철된 추억뿐이다. 그것이 진정한 부이며 그것은 우리를 따라오고, 동행하며, 우리가 나아갈 힘과 빛을 가져다 줄 것이다."

사업으로 성공의 최정점에 도달했던 스티브 잡스는 돈이라는 결과보다도 보람 있게 일하고, 재미있게 놀아야 하며, 추억이 진정한 부(富)라고 얘기합니다. 꼭 그의 얘기가 아니더라도 우리네 인생이 모든 것을 돈으로 살 수는 없습니다. 하루하루 사는 것이 빠듯하다 하나 생각에 따라 얼마든지 즐거운 삶을 보낼 수도 있습니다.

그렇지만 추억이란 기본적으로 몸과 마음의 건강이 만드는 것이라고 한다면 이 역시 경제적인 뒷받침은 필수입니다. 가난하고 칙칙한 추억을 간직하고자 하는 사람은 드물 것이기 때문입니다.

미셸 강

미리 받은 '혼수 자금'으로
프로축구 구단주가 되다

"당시 미국에 가고 싶었는데 학생 때라 돈이 없어서 부모님께 졸랐지요.
내가 결혼할 때 혼수를 안 해 주셔도 되니 그 돈을 지금 달라고 했습니다.
1년만 등록금을 대주시면 그 이후는
제가 어떻게든 하겠다고 약속했고 그렇게 했지요."
– 미셸 강(워싱턴 스피리트 구단주)

대학생 때 혈혈단신으로 미국으로 건너가 자수성가한 한국 여성 기업인이 세계적인 여자 프로축구 구단주가 되겠다는 포부를 밝혔다. 부모를 졸라 미리 받은 혼수 자금을 밑천으로 공부를 하고 드디어는 중견기업 오너가 된 미셸 강(Michele Kang, 한국명 강용미) 코그노상트 회장이 그 주인공이다.

강 회장은 서강대학교를 다니던 1981년 '나는 다른 삶을 살고 싶다'며 대학을 그만두고 '혼수 자금을 미리 당겨서 달라'고 부모를 설득해 미국으로 향한다. 그녀는 그곳에서 대입부터 다시 시작, 시카고 대학교 경제학과에 입학했다.

대학 졸업 후에는 글로벌 컨설팅 회사인 EY에 들어가 컨설턴트로

일하다 《포천》 선정 '500대 기업'인 방위산업체 노스럽그러먼으로 이직했다. 그러다가 2008년 48세 나이에 미국 워싱턴DC에서 헬스케어 정보기술(IT) 업체인 코그노상트를 창업했다.

어느 곳에서도 튀는 동양 여성이라는 것을 강점으로 삼아 회사를 창업 10여 년 만에 연매출 4억 달러(약 5,500억 원)에 직원 2,000여 명의 중견기업으로 키워냈다.

강 회장은 '미국에서 여성이 세운 회사는 100만 달러 매출을 넘기기 힘든 경우가 많다'면서 그런 한계를 뛰어넘게 하는 것은 다른 사람들의 힘이고 협업이며 팀워크인 것 같다고 말하곤 한다.

"조직의 힘을 키우기 위해 회사 매출이 2,000만 달러일 때도 10억 달러 회사에 뒤지지 않는 조건을 내세워 직원들을 뽑았어요. 남들이 잘 안 하는 과감한 투자를 했기 때문에 매년 매출이 두 자릿수로 성장할 수 있었던 것이지요."

우여곡절도 있었으나 어쨌든 회사는 현재 미 연방 및 48개 주정부, 워싱턴DC에 IT솔루션을 제공하며 글로벌 회계 컨설팅 회사인 EY가 선정하는 '2015년 올해의 기업가상'의 서비스 부문상을 받기도 했다. 그리고 2012년부터는 코그노상트 재단을 설립해 젊은이들에게 장학금을 제공하고 미국 여성 예비역들을 후원하고 있다고 한다.

강 회장은 회사를 성공적으로 키운 후에 기업 경영의 성공을 바탕으로 새로운 도전에 나섰다. 2022년 미국 여자 프로축구 리그 전년도 우승팀인 워싱턴 스피리트를 인수한 것이다. 2020년 12월 워싱턴 스피리트의 공동 구단주로 이름을 올린 뒤 2년 만에 단독 구단주가 된 것이다.

강 회장은 전임 감독의 폭력으로 선수들이 큰 어려움을 겪는 상황을 수습하기 위해 축구단 운영을 맡게 됐다고 하면서 '급한 불은 껐으니 이제 선수들의 처우 개선을 위해 노력할 것'이라고 강조했다. 그러면서 당찬 포부를 밝히기도 한다.

"워싱턴 스피리트 팀을 세계 최고의 여자 프로축구단으로 키운 뒤 한국과 유럽 축구팀도 인수할 계획입니다. 그리고 그 팀들을 세계적인 프로구단으로 성장시킬 것입니다."

그녀는 여자축구단 운영에 관심을 기울이는 이유로 미국에서 남자 축구선수는 40만 달러가 넘는 연봉을 받지만 여자 선수의 평균 연봉은 4만 달러에 그쳐 대부분 여자 선수들이 대학 졸업 후 축구를 포기한다는 현실의 안타까움 때문이라고 한다.

그러면서 '올림픽에서 금메달을 따는 것도 여자 선수들이고 아이비리그 출신 선수들도 수두룩한데, 이들의 연봉이 남자 선수의 10% 수준에 그치는 건 말도 안 된다'고 덧붙였다.

강 회장은 스포츠 데이터 산업을 통해 이런 문제를 풀 수 있다고 보고 있다. 그녀는 미국에서 여자 축구 경기를 보는 시청자가 경기 당 50만 명에 육박하고 있으며, 남자 축구 시청자 수를 능가할 정도로 여자 축구 인기가 높아지고 있다고 진단한다. 말하자면 그녀는 여자 축구도 남자 축구 못지않게 큰 산업으로 성장할 수 있을 것으로 확신하는 것이다.

이렇게 남들이 꺼리는 곳을 골라 투자를 단행한 강 회장은 3년 내 선수 연봉과 팀 운영 등 모든 면에서 워싱턴 스피리트를 세계 최고의 여자 축구팀으로 키울 것이라고 자신하며, 그 후에 유럽과 한국의 여자 축구팀을 인수해 세계적인 여자 프로축구단으로 성장시키고 싶다는 포부를 밝히고 있다.

지금은 글로벌로 활동하지만 강 회장은 서울에서 태어나 1980년 대 초 서강대학교 재학 중 미국으로 홀로 유학을 떠난 유학생 출신이다. 말하자면 맨땅에 헤딩하기쯤 될텐데 그녀의 이야기는 현재 우리의 젊은이들이 어떻게 도전해야 하는지를 미리 알려주는 것 같다.

"우리 세대에선 나 같은 사례가 독특했지만 지금 젊은 세대는 독특하지는 않을 것 같습니다. 한국에서 대학에 들어갔는데 여자로서 경제와 경영을 공부하는 사람은 나밖에 없었어요. 사실 당시에는 경제경영을 전공해서 졸업하고 큰 회사에 들어가도 여자는 비서만 하는 등 길이 정해져 있었지요."

그러면서 그녀는 생각해보니 그런 사실이 너무 억울했다고 한다. 똑같이 공부했는데 왜 여자만 비서를 해야 되나 하는 그런 현실에서 탈피하고자 미국에 가야겠다고 생각했다는 것이다.

그러나 미국에 갈 돈이 없으니까 부모님을 졸라 혼수 비용을 미리 달라고 해서 유학 비용을 마련했다. 1년만 등록금을 대주면 그 이후는 어떻게든 하겠다고 설득했으나 부모님은 내켜하지 않았다고 한다.

그런데 당시 한국은 박정희 대통령이 암살당하고 대학 캠퍼스가 다 문을 닫는 그런 상황이었다. 부모님도 불안하셨는지 미국에 가는 걸 허락해주셨다고 한다. 그래서 시카고대학교 경제학과에 입학했고 MBA를 거쳐서 전략 컨설팅 회사에 들어간 것이다. 컨설팅 회사에 들어간 이유도 뚜렷했다.

"당시 미래 계획을 세웠는데 처음 10년은 공부, 그다음 10년은 컨설팅 회사, 마지막 10년은 대기업에 들어가겠다고 생각했지요. 컨설팅을 하려고 했던 것은 마케팅, 파이낸싱 등을 전부 알 수 있다고 생각했었지요."

그렇게 10년간 해보니 회사는 결국 사람, 조직을 움직여야 한다는 것을 알게 되었다. 그 결과 큰 회사로 들어가서 조직을 어떻게 움직이고 사람을 어떻게 다루는지 알아야 한다고 생각했다고 한다. 그녀는 그런 생각을 실현하기 위해《포천》선정 '500대 기업' 중 하나에 들어가려고 결정한다.

그녀가 선택한 노스럽그러먼은 방산 회사이다. 그곳은 미국에서도 두드러진 백인 남성 중심 회사이고 특히 이공계 박사들이 많았다고 한다. 임원들이 대부분 엔지니어들로 MIT 같은 명문 공대를 졸업하고 회사에 들어오면 죽을 때까지 다니는 회사였다.

그녀는 경력자로 입사했는데 당시 여자도 적었지만 그중에서도 소수자인 동양인이었고 또 나이가 어렸다. 그때 40대였던 그녀와 달리 다른 임원들은 모두 50대 말~60대 초였다.

재미있는 것은 그녀가 들어갔을 때 '쟤가 얼마나 오래 버티나 보자'며 뒷말이 많았다고 한다. '한 달 내에 관둔다' 혹은 '두 달 내에 관둔다'고 사람들은 수군댔지만 그녀는 그곳에서 6년을 견디고 나왔다. 그런 험한 상황을 어떻게 버틸 수 있었을까?

"오로지 실력으로 극복하려고 했지요. 나에 대해서 차별이 있었지만 내 강점을 보여주겠다고 생각했어요. 나는 회의에서 전형적인 동양 여자처럼 수동적으로 가만히 있지 않았어요. 그곳 사람들이 처음에는 그냥 '앉아 있다 가겠지' 하다가 내가 말을 하기 시작하면 다들 놀랐지요."

당시에 노스럽그러먼은 직원이 14만 명이었으며 그중 임원이 200명이었다고 한다. 그런데 여자가 채 10%(20명)도 안됐다. 미국에서는 여자들이 전형적으로 HR과 커뮤니케이션 업무를 한다. 이를 커리어에서 마미(엄마) 트랙, 여자 트랙이라고 하는데 지원 부서가 아 닌 메인 부서에서 일하는 여자는 강 회장 포함해서 딱 둘이었다.

어쨌든 이곳에서 커리어를 쌓은 후에 창업을 결심하게 된다. 말하 자면 찬스가 온 것인데 그 계기는 무엇이었을까?

"내가 헬스케어 IT 비즈니스 사업부 담당이었는데 방산 회사이다 보니 이 부문이 회사로서는 중요한 파트가 아니었어요. 하지만 2002년께 조 지 W. 부시 대통령이 정부 차원에서 헬스케어에 많이 투자하겠다고 발 표했지요. 그 후 산업이 커지고 관련 기술이 들어오면서 여러 가지 비 즈니스 기회가 보이기 시작했어요. 뭐를 해야 기회를 잡을 수 있는지가 내 눈에 보인 것이지요."

그녀는 노스럽그러먼은 굉장히 좋은 회사였지만 방산 회사이지 헬스케어 IT 회사가 아니었기에 찬스라고 판단되는 순간 이것저것 따져보지 않고 그냥 이걸 해야겠다고 뛰어들었다고 한다. 그때 강 회장은 한국 나이로 50세가 되었을 시점이었다.

사실 한국이라면 은퇴할 나이인데 창업으로 새로운 일에 도전하는 것이 쉽지는 않았을 것이고, 두려움도 있었을 터인데 그녀는 아주 심 플하게 생각했다고 한다.

미혼이고 아이도 없으며 사업이 망하면 어떻게 살아야 할지 생각 해봤다. 미국에 처음 와서 3개월 동안 시카고의 한국 식당에서 웨이트리스를 했는데 그때 사회 밑바닥에서 노동 문제가 무엇인지 배우면서 5,000달러를 벌었다고 한다. 당시에 그녀에게 그 돈은 굉장히 큰돈이었다. 그뿐만이 아니다.

> "내가 이케아 가구 조립을 잘하는데 이걸로 1시간당 69달러를 받을 수 있었어요. 또한 파워포인트도 잘해서 이걸로도 돈을 벌 자신이 있었지요. 그렇기에 창업에 실패해도 식당의 웨이트리스 등 셋 중에 하나를 하면 먹고사는 데는 문제가 없겠다고 생각했지요. 그래서 그냥 창업을 한 것이지요."

창업을 하려고 결정했으니 이젠 초기에 필요한 시드머니를 마련해야 했다. 그녀는 회사 임원으로 일하면서 받은 주식을 밑천 삼아 회사를 차리려고 했다.

그런데 마침 리먼 브러더스발 글로벌 금융 위기가 닥쳐 2008년 9월 80달러였던 주가가 10월에는 39달러까지 떨어졌다. 시장이 이러니 은행들이 돈도 안 빌려줬고 결국 주식을 39달러에 모두 팔 수밖에 없었다고 한다. 말 그대로 피 같은 돈이 시드머니였던 것이다.

이렇게 창업한 코그노상트는 최근 5년간 매년 60%씩 성장한다. 엄청난 성장률이 분명한데 비결은 뭘까? 아마도 강 회장의 대답에서 해답이 있지 않을까?

강 회장은 회사의 제품이 기발하고 혁신적인 것도 중요하지만 사업 운영은 팀이 있어야 한다고 강조한다. 여자들이 만든 회사가 매출 100만 달러에서 더 커지지 않는 것은 혼자 하기 때문이라고 한다.

여성들은 기업을 혼자 하는 경우가 많은데 그렇게 되면 퀄리티는 높지만 규모의 경제가 안 되기에 더 이상의 발전이 어렵다는 것이다. 말하자면 혼자서 하려 말고 팀을 짜야 한다는 강조인 셈이다.

그녀는 자기가 나름대로 잘할 수 있었던 건 운도 좋았고 타이밍도 맞았지만 제일 중요한 것은 팀을 제대로 짰기 때문이고 말한다. 그러면서 자기보다 똑똑한 사람, 엔지니어, CFO를 고용하고 각종 인프라를 갖췄기 때문에 순항할 수 있었다는 것이다.

강 회장은 회사 매출이 2,000만 달러일 때도 10억 달러 수준 회사의 임원들을 데리고 있었다고 한다. 이 부분이 성장이 오기 전에 미리 투자를 한 덕이고 그녀의 자신감의 원천인 것이다.

"나는 외부 투자를 받지 않고 순수하게 내 돈으로 시작해서 펑펑 돈을 쓸 수는 없었어요. 대신 회사에서 나온 이익은 모두 임직원과 인프라에 투자했지요. 사람들이 처음에는 '머리가 나쁘냐? 저렇게 작은 회사가 왜 저렇게 많이 투자하느냐?'고 수군거리기도 했지요. 하지만 회사가 상승세를 타기 시작하면서 큰 문제없이 성장할 수 있었던 것이지요."

쉽지 않은 사업 환경에서 큰 회사로 키운 비전이 베스트 팀이라고 한다면 당연히 직원들에 대한 동기부여가 중요한 부분일 것이다. 강 회장 역시 이 부분을 신경 썼는데 비전을 공유하면서 어필했다고 한다. 예컨대 헬스케어 산업을 통해 큰 변화를 만들 수 있다고 강조하는 식이다.

가령 산업 자체가 사람의 삶과 죽음을 다루는 것이고 임신한 사람, 의료 혜택이 필요한 사람들에게 도움을 줄 수 있다고 비전을 제시했다. 거기서 끝나지 않고 굉장히 파격적인 스톡옵션을 줬다고 한다. 이런 파격은 자기 회사 직원들이 모두 백만장자가 됐으면 좋겠다는 생각을 가진 그녀가 자신이 돈 때문에 회사를 시작한 게 아니기 때문에 가능했다고 말한다.

정리하자면 이런 것이다. 오늘 연봉을 많이 받을 사람을 찾는 게 아니라 지금은 비록 돈을 많이 못 받지만 미래에 백만장자가 될 수 있기를 원하는 사람들을 골랐다는 것이다. 자기 몫을 꼭 고집하지 않아야 가능한 최고의 비전인 셈이다.

이런 사실로부터 알 수 있는 것은 사람에게 동기부여를 하는 인센티브 시스템은 굉장히 중요하지만, 이것 말고도 신생 회사는 나름대로 동기부여의 여지가 있는 것이다.

이렇게 동기부여도 잘하고 좋은 팀을 짜는 것이 중요할 것이나, 어쨌든 회사이므로 채용뿐만이 아니라 결별, 즉 해고를 시켜야 되는 경우도 있을 것이며 어떤 회사든 이 부분이 쉽지 않은 난제일 것이다.

"그 부분이 중요합니다. 작은 회사는 해고할 때 더 조심해야 하지요. 잘못 해고하면 '돈 없어서 해고한다'는 소리를 들을 수도 있고, 해고된 직원이 밖에서 회사 내부 사정을 다 까발릴 수도 있기 때문이지요. 사실 인사관리에서는 고용(Hire)보다 해고(Fire)를 더 조심해야 하는 것이지요."

이런 경우에 강 회장은 솔직한 대화를 한다고 말한다. 예컨대 '당신에게 맞는 환경이 아니므로 이 회사에서 계속 일하는 것은 당신도 힘들 것'이라고 진솔한 대화를 하는 것이다. 물론 지금은 회사가 잘나가니까 어지간하면 제 발로는 나가기를 원하지 않는다. 그럼에도 해고를 해야 하는 경우는 있다.

그럴 때는 '향후 당신의 10~20년 커리어를 생각하면 당신도 힘들고, 회사도 힘든 것은 좋지 않다. 당신에게 맞는 회사를 찾아주겠다'고 하면서 얘기를 풀어간다고 한다. 그렇게 얘기를 하지만 그걸로 끝내는 것이 아니라 위로금을 챙겨주고 다른 직장도 찾을 수 있도록 도와준다는 것이다.

어쨌든 사업 전개 과정은 복잡하고 여러 가지를 체크해야 하나 비즈니스는 결국 의사결정이다. 경영은 결국 의사결정의 과정을 거쳐 하나의 작품이 만들어지는 것이다. 그러면 강 회장은 어떤 원칙으로 의사결정을 내릴까?

"항상 내가 고객이면 뭘 원할까를 제일 먼저 생각하지요. 사실 나는 관

습적으로 생각하는 걸 제일 싫어합니다. 다른 회사들도 하는 거라서 하
는 건 안 되고, 내가 봤을 때 합리적이어야 하고 내가 이해를 해야 하는
것이죠."

말하자면 직원이면 직원, 고객이면 고객 입장에서 결정을 내리는
것이다. 그들은 어떤 걸 원할까? 어떤 부분을 강조해야 할까? 등의 부
분이 잘 정리되어야 어떻게 커뮤니케이션할지도 알 수 있는 것이다.

강 회장은 절대로 관습적으로 생각하면 안 된다고 강조한다. 직원
들이 솔루션 제안서 같은 것을 가지고 오면 그 제안서는 덮어놓고
"당신이 고객사 CTO라면 이 제안을 받아들이겠느냐?"고 항상 물어
본다고 한다.

지금까지 미셸 강 회장의 사례를 살펴봄으로써 밑바닥에서 출발하
여 회사를 키우려는 사람들은 큰 통찰력을 얻을 수 있을 것이다. 다
음의 짧은 글은 강 회장과는 관련 없으나 그의 경영 과정을 잘 표현
한 것 같아 인용한다.

"가장 만족스러운 결과를 얻는 사람은 가장 뛰어난 아이디어를 가진
사람이 아니다. 동료들의 머리와 능력을 가장 효과적으로 조율하는 사
람이다."

– 알톤 존스 (석유회사 CITGO 회장)

위너의 삶을 사는 사람들의 출발점 '자존감'

"판결한다. 계약서대로 살을 베도록 하라.

단, 피는 한 방울도 흘려선 안 되며

베어낸 살이 1파운드보다 적거나 많으면 안 된다."

- 《베니스의 상인》

스티븐 킹은 '얼간이 같은 일벌레'라고 부르든 말든

'하루도 빠뜨리지 않고' 글을 썼다. 그의 이런 자세는

역시 '꾸준함을 이기는 실력은 없다'는 말의 생생한 실제 사례이다.

Have a nice day [5]

사람은 언제나 더 나은 내일을 꿈꾸며 살아갑니다. 또한 그런 꿈이 가져다 줄 가능성에 대한 믿음으로 매일 새로운 아침을 맞이합니다. 그럼 꿈꾸며 산다는 것은 무엇을 의미할까요? 사실 꿈을 말하는 사람을 가장 무서워해야 하는 것이 아닐까요?

그는 현실을 사는 사람이 아니라 미래를 사는 사람이기 때문입니다. 한계를 말하는 사람이 아니라 가능성을 말하는 사람이기 때문에 그렇습니다. 상투적으로 들릴지 모르지만 꿈은 사람을 위대하게 만들고 꿈이 있는 사람만이 시대를 움직입니다.

오늘은 익숙하고 재미있는 문학작품 이야기를 해볼까요?

셰익스피어의 《베니스의 상인》은 16세기 이탈리아의 베니스를 배경으로 하지요. 이 작품은 대부분의 셰익스피어 작품과 마찬가지로 인간관계, 이기심, 욕망, 인종차별 등 다양한 주제를 다루고 있습니다.

이야기는 매혹의 도시 베니스의 상인인 안토니오가 어느 날 절친인 바사니오로부터 큰돈이 필요하다는 부탁을 받고 자신의 신용을 보증으로 유대인 갑부 샤일록에게 300다켓의 돈을 빌리는 것으로 시작합니다.

안토니오와 앙숙 관계인 샤일록은 심장에서 가장 가까운 부위의 1파운드 살을 담보로 할 것을 계약조건으로 돈을 빌려줍니다.

그런데 빚을 갚는데 별 문제없던 안토니오에게 여러 가지 문제가 생깁니다. 자기의 물품을 실은 상선들이 전부 침몰하고 딸이 재산을 챙겨 야반도주하는 등 기한 내로 대금을 갚지 못하게 됩니다. 샤일록은 집요하게 안토니오의 살 1파운드를(죽이기를) 원했고, 이 때문에 안토니오는 샤일록과의 계약대로 생명을 잃을 위기에 놓이게 됩니다.

드디어 재판이 벌어지게 되고 재판관은 샤일록에게 자비를 베풀어 돈으로 빚을 받아가는 것이 어떠냐고 제안합니다. 바사니오도 빌린 돈의 3배를 제안합니다. 하지만 샤일록은 계약이 정당했음을 주장하며 그 어떤 양의 돈을 줘도 법을 엄격하게 적용해 끝까지 살로 빚을 갚을 것을 요구합니다.

결국 재판관은 그 주장을 받아들여 샤일록이 안토니오의 살을 가져가도 된다는 판결을 내립니다. 그러자 샤일록이 칼을 들고 안토니오에게 다가가면서 살을 베려는 순간, 재판관은 샤일록에게 주의를 환기시키며 선언합니다.

"계약서에는 '살'만 적혀 있을 뿐 '피'는 명시되어 있지 않다. 그러므로 살을 가져가되 피를 내서는 안 되며, 피를 한 방울이라도 흘리면 계약에 위배되어 모든 재산을 몰수당하고 사형에 처해진다."

샤일록은 어떻게 살을 도려내는데 피는 빼앗지 않는 것이 가능하냐고 항변하지만, 재판관은 오히려 '당신이 원하던 대로 엄격하게 법을 적용한 것이다'라는 식으로 대답하고 불가능한 조건을 하나 더 붙임으로써 샤일록은 더욱 궁지에 몰립니다. 계약서대로 베어내어야 하며 베어낸 살이 1파운드에서 털끝만큼이라도 차이가 나서는 안 된다고 합니다. 그리고 움직일 수 없는 한마디를 덧붙입니다.
"많거나 적으면 처벌을 받을 것이다."

결국 샤일록은 안토니오를 죽이는 것을 포기하고 대금을 돈으로 받아가겠다고 하면서 물러나려 합니다. 그러나 재판관은 이미 살을 가져가야 한다고 판결내렸다는 것을 상기시켜 샤일록에게 얼른 안토니오의 살을 도려내라고 부추깁니다.
분통이 터진 샤일록은 그냥 법정을 나가버리려고 하지만, 재판관은 '계약으로 시민의 생명을 위협한 이방인은 처벌을 받아야 한다'는 법률을 적용해 샤일록을 더욱 궁지에 몰아넣습니다.

이상은 익숙한 이야기이고 나름대로 교훈도 있습니다. 그런데 저는 지금 셰익스피어 문학작품을 논하려는 것이 아닙니다. 오히려 샤일록의 후손인 유대인에 대한 얘기를 하려고 합니다.

셰익스피어는《베니스의 상인》에서 유대인 샤일록을 악덕 고리대금업자로 묘사하지요. 그러나 그의 후손이랄 수 있는 유대인들이 현재 보여주는 역량은 눈이 부실 정도입니다.

발명가 에디슨, 20세기 최고 부자였던 록펠러, 퓰리처상을 만든 조지프 퓰리처, 투자의 귀재 조지 소로스, 전설의 앵커 래리 킹, 영화감독 스티븐 스필버그 등 과거 인물은 차치하더라도 현재 활동 중인 몇 명만 봐도 아마존의 제프 베조스, 구글의 래리 페이지, 일론 머스크, 마크 저커버그, 워런 버핏, 스티브 잡스, 빌 게이츠, 스타벅스의 하워드 슐츠 등 이루 헤아릴 수 없는 어마어마한 인재들이 유대인이죠.

이름만 들어도 현란한데 이런 유대인 얘기는 이미 많이 알고 있고 새로운 사실도 아니니 흥미롭지도 않지요. 그렇지만 진짜 중요하고 정말 알고 싶은 건 아마도 이 부분일 겁니다.

"전 세계 인구의 0.3% 정도인 그들이 어떻게 이런 역량을 발휘할 수 있을까? 도대체 그 이유는 무엇일까? 머리가 좋아서일까?"

수치로 증명된 내용 몇 개만 더 볼까요. 재산 10억 달러 이상인 미국 부자 가운데 3분의 1 정도, 미국 아이비리그 대학교수의 약 23%,

역대 노벨상 수상자의 28%가 유대인이죠. 질리니까 그만할게요.

결국 셰익스피어 시대 영국의 잣대로만 본다면 21세기 지구는 악덕 고리대금업자의 후손들이 지배하고 있는 것이네요.

앞에서 '인구의 0.3% 정도인 그들이 어떻게 이런 역량을 발휘할 수 있을까? 머리가 좋아서일까?'라고 했는데 정말 그런지 한번 볼까요. 일전에 핀란드 헬싱키대학교의 연구 결과 유대인의 평균 IQ는 95이고, 한국인은 106이었습니다.

이해되시나요? 유대인들이 머리가 좋아서 엄청난 성과를 올리는 것이 아니라는 것이지요. 그럼 도대체 무엇이 요인일까요?

많은 전문가들이 《탈무드》도 언급하고, 그럴듯한 이론들을 얘기합니다. 다들 훌륭하지만 들어보면 핵심과는 거리가 먼 피상적인 것들이 많지요. 저는 유대인들이 이런 엄청난 역량을 발휘하는 본질적인 내용을 하나의 키워드로 정리합니다. 바로 '자존감'입니다.

예컨대 어머니가 유대인인 관계로 그 역시 유대인인 피카소는 자신이 '천재 화가'인 것에 대해 이렇게 얘기하곤 했지요.

"나의 어머니는 '만일 네가 군인이 된다면 장군이 될 것이고, 성직자가 된다면 교황이 될 거야'라고 말씀하시곤 했는데, 나는 그림을 그렸고 피카소가 된 것이다."

그렇습니다! 유대인 어머니는 어릴 때부터 피카소에게 '자존감'을 심어주고 있었던 것입니다. '너는 귀하다'라고 속삭이며 꿈의 씨앗을 심어주고 있었던 것이지요. 사실 비슷해 보이지만 자존감(Self-esteem)과 자존심(pride)은 다르지요. 자존심이 타인에게 존중받고자 하는 마음이라면 자존감은 있는 그대로의 나를 존중하고 사랑하는 마음이라고 할 수 있지요.

더 구체적으로 보면 자존심은 타인과의 경쟁관계에서 규정되므로 경쟁에서 승리할 때는 고양이 되겠지만 패배했을 경우에는 바닥으로 떨어지게 되지요.

그러나 자존감은 내가 나를 규정하기에 다른 사람의 인정 여부에 상처받는 것이 아니지요. 타인의 비난이나 무시가 스스로의 판단에 근거하여 '옳지 않은 것'이라고 하면 그럴 이유가 없기 때문이지요.

'자존감'은 '자기 자신을 존중하는 마음'을 말하며 '자아존중감'이라고도 합니다. 이는 자신을 인정하고 그대로 바라보는 것을 뜻하는데, 스스로를 인정하기에 다른 사람 말에 상처를 받더라도 회복이 빠릅니다. 스스로 자신을 존중하기 때문이죠.

'자존심'은 다른 사람들 앞에서 나의 품위를 스스로 지키려는 마음으로, 타인으로부터 나를 지키려는 것을 말합니다. 자존심이 센 사람들은 타인의 말에 쉽게 상처를 받고 용서하는 것을 어려워합니다. 자기라는 존재를 무시당한다면 참지를 못하는 것이죠.

주위에서 많이 볼 수 있는 타입으로 남의 장점을 말할 땐 침묵하던 사람이 남의 단점에는 즐겁게 동참하는 사람들이 있지요. 이는 나보다 잘난 사람을 막연히 싫어하는 열등의식 때문이지요.

나보다 잘나서 싫고, 나보다 똑똑해서 싫고, 나보다 많이 가졌다는 이유로 무조건 싫어하는 심리인데, 이는 근본적으로 자신을 있는 그대로 인정하고 받아들이는 자존감 결핍에서 비롯된 것이지요.

예컨대 노래가 되었든, 성공한 사람이든, 돈을 많이 벌었든 혹은 좋은 강의에 공감하면 주변의 눈치 보지 말고 박수치면 되고, 좋은 글에는 댓글 달면 되는 것이지요. 좋으면 좋다고 하는 것이 자존감이고 옆의 눈치 보는 것은 자존감 결핍의 반증이죠.

"무엇보다도 아이들에게 어릴 때부터 '자존감'을 키워주는 것은 정말 중요하다. 그랬을 때 그 아이는 앞으로의 세상을 명품 인생으로 살아갈 수 있는 것이다."

미국의 부모들이 《성경》, 《탈무드》와 함께 《나폴레온 힐 성공의 법칙》을 옆에 놓고 아이들에게 읽히는 이유가 바로 '자존감'을 키워주기 위한 목적입니다. 읽어본 사람들은 알겠지만 《나폴레온 힐 성공의 법칙》을 설명하는 키워드 중 하나로 '자존감'을 꼽을 수 있지요.

사실 우리나라처럼 교육에 목숨을 거는 나라도 없습니다. 학부모들과 얘기를 하다 보면 자연스럽게 가정교육까지 진전되는데 진짜 문제는 내용입니다. 가정교육으로 부모로서 무엇을 해야 하는지에 대해 너무 막연해 한다는 것입니다. 이 부분의 힌트를 유대인들에게서 찾아보면 그들은 '자존감' 고양에 포커스를 둔다는 것입니다.

앞에서 본 것처럼 잘나가는 민족, 역량이 있다고 알려진 유대인들과 유대인은 아니나 명품의 삶을 사는 사람들의 공통점으로는 '자존감'이 바탕에 있지요. 결국 모든 독서나 공부의 귀결점은 자존감 고양과 구체적 성취요인에 익숙해지는 것이 포인트가 됩니다.

그렇습니다! 명품 인생으로 살아가기 위해서는 그 자신이 명품이 가능하도록 하는 교육과 공부가 필요합니다. 이는 좋은 책을 읽게 하는 것은 기본이고 누구나 활용할 수 있도록 실제 사례를 많이 접하는 것이 관건입니다.

스스로를 귀하게 생각하는 자존감을 심어주는 것이 우선입니다. 1등도 좋고, 부자도 좋으며 성공도 중요합니다. 그러나 정말 중요한 것은 그런 모든 덕목의 바탕에는 '자존감'이 있다는 것입니다.

스티븐 킹

세탁소 알바로 생활비를 벌어야 했던 남자, 최고 작가로 등극

"저를 보시면 알겠지만 '포기하지 않으면 꿈은 이뤄진다'는 말은 사실이에요.
저는 한때는 매일 우체통을 확인하며 제발 청구서가 들어있지 않기를 바랐고,
아이가 열이 39도까지 올랐지만 병원에 갈 돈도 없이 집을 나서야 했지만
작가의 꿈은 버리지 않았던 사람이 오늘날 나, 스티븐 킹이지요."
– 스티븐 킹(세계 최고의 베스트셀러 작가)

세탁소에서 일하면서 주급으로 겨우 입에 풀칠만 하고 살아가는 남자가 있었다. 어릴 적부터 글 잘 쓴다는 말을 듣고 자란 남자, 그는 아무리 피곤하고 아파도 매일같이 2,000자 분량의 글을 쓰며 작가의 꿈을 키웠다.

그의 아내 역시 돈을 벌기 위해서 안 해본 일이 없지만 생활은 비참하기 짝이 없었다. 갓난아이가 중이염에 걸렸을 때도 약 살 돈이 없었고, 전화도 해지해야 할 정도로 그들의 생활은 어려웠다.

잡지에 글도 몇 번 실었지만 무명작가의 원고료는 생계를 잇기에 턱없이 적었다. 그래서 그는 세탁소에서 침대보를 빨고, 건물 경비를 하며 틈틈이 글을 써야 했다. 그의 아내도 밤낮으로 일했지만 생활

고에 살림은 늘 빠듯했다.

그는 자동차의 변속기어가 고장 나도 수리비가 없어서 조심조심 몰고 다녀야 했다. 그는 최소한의 생계를 유지하고 남은 돈은 원고를 부치는 우편요금으로 썼다.

남자의 희망은 멋진 작가가 되는 것이었다. 일하는 시간을 제외한 나머지 시간 모두를 온통 습작하는 데에만 몰두했다. 주말에도 쉬거나 놀러 나가는 대신에 방안에 틀어박혀 원고에 매달렸으며, 그의 집에서는 밤새도록 타자기 두드리는 소리가 끊이지 않았다.

그는 자기가 아는 모든 출판사와 출판 에이전시에 원고를 보냈다. 그러나 공식적이고 의례적인 답변과 함께 모두 되돌아왔다. 그의 작품에 관심을 두는 사람은 아무도 없었다.

묵묵히 네 번째 소설을 쓰던 날이었다. 그는 생활고에 시달리는 가족을 보고 더 이상 글을 쓰지 않겠다며, 여태 쓴 자신의 분신과도 같은 원고를 몽땅 쓰레기통에 내다버렸다.

그런데 다음날 그의 아내가 내다버린 원고 뭉치를 들고 와서 단호한 어조로 말했다.

"여보, 중간에 포기해서는 안 돼요! 특히 성공이 코앞에 다가왔을 때는 더욱 그렇지요. 당신은 반드시 성공할 거예요!"

그는 어안이 벙벙해지는 것 같았다. 솔직히 그는 스스로에 대한 확신을 잃었다. 하지만 그의 아내는 남편이 지닌 작가로서의 재능을 의심해본 적이 없었다. 아내의 격려 한마디에 힘입어 그는 다시 펜을 들었다. 그리고 무명작가 생활 15년 만에 마침내 빛을 보게 된다.

한 출판사에서 그의 소설을 읽고 재미있다는 답변을 보내온 것이다. 그렇게 나온 소설책은 500만 부나 팔릴 정도로 대박 작품이 되었다. 공포소설의 고전이라 불리는 《캐리》였다. 1976년에는 소설이 영화로도 제작돼 그해 최고의 영화로 등극한다.

이후 그가 펴낸 《쇼생크 탈출》, 《미저리》, 《돌로레스 클레이본》 등도 영화로 만들어 큰 성공을 거두게 된다. 그가 바로 미국의 유명한 스릴러 소설의 대가 스티븐 킹(Stephen E. King)이다.

스티븐 킹의 공포소설들은 여러 편(《미저리》, 《캐리》, 《샤이닝》 등)이 성공적으로 영화화되었지만 가장 뛰어난 작품에 《쇼생크 탈출》이 빠지지는 않는다. 사실 이 작품은 공포물이 아닌 단편소설을 영화로 제작한 것인데 《리타 헤이워드와 쇼생크 탈출》이 원본이다.

"쇼생크 탈출(Shawshank Redemption)에서 'Redemption'라는 말은 가둔다는 구속(拘束)이 아니라 해방한다는 구속(救贖)의 뜻으로 볼 수 있다. 의미적으로 약간의 차이가 있다."

그런 이유로 이 단어는 인류의 해방과 화해, 죄의 용서, 그리고 은총에 의한 의화(義化)를 수반한다는 기독교 정신을 나타낸다고 볼 수 있다. 스티븐 킹의 종교관을 볼 수 있는 단어 선택인 셈이다. 영화 곳곳에 'Redemption'을 뒷받침하는 표현들이 등장한다.

사실 '쇼생크 교도소'는 지구상 어디에도 없고, 자막에 '이 영화를 알렌 그린에게 바친다'라고 나와서 실화로 착각하기 쉽지만 알렌 그린은 감독의 절친으로 영화 완성 얼마 전에 사망했다고 한다.

영화는 주인공인 젊은 은행가 앤디 듀프레인(팀 로빈스 분)이 아내와 그녀의 정부를 살해했다는 죄목으로 누명을 쓰고 쇼생크 교도소에 수감되면서 시작된다. 영화는 한 개인이 처절하게 몰락해가는 모습을 담고 있는데 사회적으로 모든 것을 갖춘 한 엘리트의 엄청난 비극에 포커스를 맞춘다. 누구도 그러한 상황에서는 자신을 놓아버리고 싶을 것 같은 절망적 상황을 영화는 제대로 설정하고 있는 것이다.

영화에는 또 다른 주인공으로 장기수이자 착한 흑인 레드(모건 프리먼 분)가 등장한다. 그는 늘 앤디를 도와주고 격려한다. 그리고 교도소에서 기나긴 세월 동안 우정을 쌓아간다.

레드는 고참이고 특유의 마당발 능력으로 교도소 안에서 웬만한 사회 물건을 다 구해다준다. 의리도 좋은 그의 인간미와 진실한 우정에 영화는 훈훈하게 흘러간다. 이윽고 브룩스라는 장기수가 가석방 처분으로 밖에 나가게 되었다. 브룩스는 석방을 두려워한다.

"브룩스는 안 미쳤어, 교도소에 길들여졌을 뿐이야! 50년을 이곳에서만 있던 사람이야, 바깥세상을 몰라. 이 안에서 그는 중요한 사람이야, 배운 사람이고. 하지만 사회에선 아무것도 아냐, 신경통에 걸린 쓸모없는 전과자지. 내 말 알겠어?"

"순 헛소리 같은데?"

"좋을대로 생각해. 하지만 잘 알아둬, 이 철책은 정말 웃기지. 처음엔 싫지만 차츰 익숙해지지. 그리고 세월이 지나면 벗어날 수 없어. 그게 '길들여진다'는 거야, 망할!"

이 영화에 다른 제목을 붙인다면 〈쇼생크 보상〉 정도가 될 수도 있을 것 같다. 앤디는 20년의 복역 기간 동안 이미 다른 사람이 되어 있었다. 이전에는 사회적 부와 명성을 좇으며 풍요롭긴 하지만 정서적으로는 안정되어 있지 않았다.

더구나 이전에 보지 못하고 듣지 못했던 것들을 교도소에서 접하게 되고, 그 결과 앤디는 교도소에 들어오기 전의 모습과는 전혀 달라져 있다. 영화는 그 모습을 담담히 보여준다.

그는 교도소의 체제에 대해 속속들이 알게 되고 자신이 가진 금융에 관한 지식으로 세금계산을 해주고 사업적 거래들을 처리해줌으로써 소장과 교도관들의 존경을 얻게 된다. 그리고 최고 교도관과 친해져서 돈세탁을 해주며 자신의 탈출을 준비하기 시작한다.

사실 앤디는 원래 돈에 집착했던 금융업자였다. 그러나 쇼생크에 갇힌 이후에 그는 지금까지 그가 해왔던 고객의 시간과 돈에 대한 고민을 이제 자신에게 적용해야 했다. 그가 계산한 것은 '만약 내가 여기를 나간다면 무엇을 하고 어떻게 살 것인가'였던 것이다.

"인간은 언제나 무엇인가를 위해 바쁘게 살아오고 또 죽는 날까지도 바쁘게 살지만 어느 누구도 인생의 의미를 잘 모른다. 그러나 앤디는 쇼생크에서 갇히는 날부터 탈출하는 그날까지 오히려 자신에게 주어진 시간의 진정한 의미를 깨닫게 된다."

스티븐 킹의 언급처럼 20년을 허비하였지만 오히려 앤디는 남아 있는 시간을 더욱 값지게 쓸 수 있음을 알게 된다. 역설적이게도 쇼생크가 아니었다면 결코 깨달을 수 없었을 모든 것들을 마음껏 누리게 된 것이다. 그래서 그는 모든 것을 잃은 존재가 아니라 모든 것을 할 수 있는 존재가 되어간다.

앤디에게 지금껏 마음먹은 대로 된 것은 돈 버는 것 외엔 없었지만 그날 이후 그는 변하게 된다. 눈앞에 있는 그 현실을 부정하거나 극복하려 하지 말고 그냥 있는 그대로 받아들이는 순간 그것을 극복하게 된다는 것을 이 영화는 알게 해준다. 모든 것은 스스로의 선택에 달려있다는 메시지인 것이다.

스티븐 킹이 이 이야기에서 궁극적으로 보여주려 한 것은 억울한 누명을 쓰고 복역한 죄수의 인권을 강조하는 것이 아니라 인간의 '희망'이 얼마나 큰 힘인가에 대한 것이다. 억울하게 쇼생크에 갇히게 된 앤디는 정말 온갖 학대와 성적 고문, 폭력 등을 참으면서도 한순간도 결코 '희망'의 끈을 놓지 않았고, 그로 인해 절대 탈출이 불가능할 것 같은 쇼생크에서 극적으로 탈출한다.

"쇼생크 탈출은 인간이 '희망'을 놓지만 않는다면 어떤 극한 상황에서도 살아갈 수 있다는 것을 보여주고 있다. 앤디가 레드에게 보낸 편지에서도 '희망은 좋은 것, 가장 좋은 것'이라는 내용을 쓰고 있다."

그렇다! 스티븐 킹은 메인 메시지를 '희망'에 두면서 쉽게 포기하지 말라는 귀한 교훈을 재미있는 이야기에 버무린 것이다. 또한 '시간의 의미'에 대해서도 많은 생각을 하게끔 이야기를 전개한다. 대가의 가치가 돋보이는 대목이 아닐 수 없다.

스티븐 킹은 현대 미국을 대표하는 작가 중 한 명으로, 그의 소설은 전 세계에 3억 5천만 부 이상 팔렸을 정도로 상업적으로 역사에 남을 만한 큰 성공을 거둔 작가이기도 하다. 그러나 작가로서 성공하기까지의 과정은 순탄하지 않았으며, 이루 말할 수 없을 정도의 가난에 시달리는 시간의 연속이었다.

스티븐 킹은 1947년 미국 메인주에서 태어났다. 킹의 어머니는 가정을 버리고 떠난 아버지를 대신해 아들을 키우기 위해 힘든 일을 마다하지 않았지만 킹은 다른 가정의 아이들처럼 따뜻한 부모의 보살핌을 받고 자라날 수는 없었다.

> "저는 성인이 되어서는 생계를 위해 세탁공장 인부와 건물 경비원 등을 전전해야만 했지요. 1971년에는 간신히 작은 공립학교의 영어교사 자리를 얻었지만, 수입은 여전히 날아드는 청구서를 처리하느라 바쁠 정도였지요."

절박한 상황에서도 꿈을 가지고 글을 썼지만 젊은 스티븐 킹에게 글을 써서 얻는 수익은 극히 적었다. 때문에 그는 궁여지책으로 각종 성인잡지에 단편소설을 싣고 그 돈으로 밀려드는 청구서들을 해결해야만 하는 상황이었다.

그런 와중에도 꾸준히 첫 장편소설 《캐리(Carrie)》를 집필했는데 안타깝게도 생활고를 이기지 못한 스티븐 킹은 소설이 완성되기 전에 작품을 쓰레기통에 처박은 채 포기하고 말았다.

그러나 우연히 아내인 태비사가 쓰레기통에서 이 작품을 발견해서 읽어보곤 조언과 함께 독려를 아끼지 않아 소설은 완성에 이르게 되었고, 이 작품은 처음으로 2,500달러의 계약금을 받고 출판 계약을 하기에 이른다.

말하자면 1973년 첫 장편소설인 《캐리》로 대형 출판사와 계약하기 전까지 킹의 삶과 꿈은 끝없는 구렁텅이의 연속이었다.

그는 매일 집 앞의 우체통을 확인하며 제발 청구서가 들어있지 않기를 바랐으며, 아이가 열이 39도까지 올랐지만 병원에 갈 돈도 없이 집을 나서야 했고, 그래도 작가의 꿈은 버리지 않았던 킹은 결국 대성공하여 '포기하지 않으면 꿈은 이뤄진다'를 몸소 실천한다.

"저는 《캐리》 이전까지 너무 가난에 시달려 내 능력에 대한 회의감으로 작가를 포기하려 했었지요. 특히 당시 쓰고 있던 《캐리》의 원고가 너무 마음에 안 들어 쓰레기통에 버렸는데 아내가 다시 들고 와서 소설을 끝내도록 격려를 했고, 그에 힘을 얻어 소설을 완성했지요."

사실 스티븐 킹은 1970년대 중반부터 알코올 의존증을 시작으로 이후 코카인 중독으로 가정이 파탄 직전까지 간 적도 있다. 본인 말에 의하면 알코올 중독에 빠졌을 때 집필한 《쿠조》, 《크리스틴》, 《늑대 인간》, 《그것》은 어떻게 썼는지 기억도 안 나고 《다크타워 2부》, 《미저리》, 《토미노커》를 집필할 때는 코카인 중독에 빠져 심박수 130에 육박하는 상황에서 코피를 쏟아가며 집필했다고 한다.

그런 상황이므로 1987년에는 아내가 마약과 가정 중 하나를 선택하라고 경고할 만큼 심각했다고 한다. 스티븐 킹은 처음에는 약을 끊으면 글이 안 써질까봐 두려웠지만 가족에 대한 애정과 자기반성으로 정신을 차리고 술, 담배, 마약을 끊었다고 한다.

이후 그는 창작자가 약물이나 알코올 중독자가 될 확률이 높은 건 사실이지만, 창작의 욕구 때문에 무언가에 중독된다는 것은 말도 안 되는 것이라고 주장했다. '금주의 전도사'가 된 것이다.

어쨌든 스티븐 킹은 미국뿐만 아니라 전 세계적으로 막강한 영향 력을 발휘하는 소설가로 등극했다. 그와 어깨를 겨루는 존 그리샴, 톰 클랜시 등과 함께 그의 작품들은 '스티븐 킹 산업'이라 불릴 정도 로 상업적인 것은 물론 문학적으로도 큰 성공을 거두며 천문학적인 판매부수를 기록하고 있다.

또한 그의 첫 장편소설인 《캐리》를 위시하여 거의 모든 작품들이 영화나 텔레비전 드라마로 만들어지기도 했다.

이렇게 스티븐 킹은 퓨전문학, 즉 본격문학과 대중문학을 아우르 는 기수로 불릴 수 있다. 어쨌든 전 세계 독자를 사로잡은 스티븐 킹 은 어떤 창작론을 가지고 책을 쓸까?

사실 스티븐 킹을 보면 그는 천부적인 글쟁이 같다. 일례로 자신이 일단 글을 쓰기 시작하면 하루도 빠뜨리지 않고 쓴다고 말하곤 한다.

"나는 일단 글을 쓰기 시작하면 남들이 '얼간이 같은 일벌레'라고 부르 든 말든 하루도 빠뜨리지 않고 쓴다. 크리스마스와 독립기념일과 내 생 일도 예외일 수 없다."

그가 하는 말로 미루어 그는 부지런히 글을 쓰는 것은 분명한 것 같다. 모두가 휴일로 쉬는 크리스마스와 독립기념일, 그리고 자기 생일날에도 글을 쓴다고 하니 정말 열정적으로 글을 쓰는 것은 맞다. 더구나 '얼간이 같은 일벌레'라고 부르든 말든 '하루도 빠뜨리지 않고' 글을 쓴다는 것이다. 스티븐 킹의 이런 자세는 역시 '꾸준함을 이기는 실력은 없다'는 말의 생생한 실제 사례이다.

그는 글쓰기는 '창조적인 잠'이라고 주장한다. 예컨대 '글쓰기에서든 잠에서든 육체적으로 안정을 되찾으려고 노력하는 동시에 정신적으로는 낮 동안의 논리적이고 따분한 사고방식에서 벗어나려고 노력한다'고 하면서 이렇게 얘기한다.

"정신과 육체가 일정량의 잠을 자듯이 깨어 있는 정신도 훈련을 통하여 '창조적인 잠'을 자면서 생생한 상상의 백일몽을 만들어낼 수 있고, 그것이 바로 훌륭한 소설이지요."

세계 최고의 베스트셀러 작가로 우뚝 선 《쇼생크 탈출》,《미저리》의 저자 스티븐 킹이지만 《캐리》 이전 무명일 때는 글을 쓰면서, 건물 경비원과 세탁공장 청소원을 하며 조금씩 번 돈에서 최소한의 생계를 유지하고 얼마 남은 돈은 몽땅 원고지를 부치는 우편요금으로 사라지곤 했다.

그런 절박한 상황이었으므로 솔직히 그는 스스로에 대한 확신을 잃었다. 하지만 그의 아내는 남편이 지닌 작가로서의 재능을 의심해본 적이 없었다. 그의 성공을 확신한 사람은 아내뿐만이 아니었다.

뉴욕 출판사의 한 편집자 역시 그의 소설에 지지를 보내왔다. 한 번은 그가 출판사에 보낸 원고가 대형 출판사인 톰슨사의 피엘 톰슨의 손에 넘겨지게 되었다. 몇 주 후, 그는 톰슨의 열정적인 답신을 받았다. 톰슨은 그의 소설에 문제가 없는 것은 아니지만 언젠가는 작가로서 대성할 가능성이 충분히 있다고 격려해주었다.

그는 어안이 벙벙해지는 것 같았다고 한다. 용기를 얻은 그는 1,500매에 달하는 원고를 써서 탈고하자마자 톰슨에게 보냈다.

하지만 톰슨은 시큰둥한 반응을 보이면서 겨우 2,500달러에 계약을 맺었다. 그러나 톰슨의 시큰둥한 예상은 빗나갔다. 이 소설은 출간되자마자 500만 부나 팔려나가는 대성공을 거두게 된 것이다.

공포소설의 고전이라 불리는《캐리》는 이렇게 탄생했고, 스티븐 킹의 이름은 세상에 알려진다. 1976년에 그의 작품은 영화로 제작되었는데 그해 흥행에 성공한 최고의 영화가 되었다. 이렇게 대성공을 거두며 등장한 후에 소설가로서의 인생이 피기 시작했으며, 이후 지금까지 가장 왕성한 집필활동을 자랑하는 작가이기도 하다.

진정한 명품은
소유하는 게 아닌 누리는 것

:

"진짜 명품이요? 에르메스가 그런지는 모르겠으나

우리는 스스로를 자랑하지도 않고 알아달라고 하지도 않아요.

우리가 하는 일은 단지 잘 만드는 것뿐입니다.

그 제품에 생명을 부여하는 것은 바로 고객 여러분입니다."

- 티에리 에르메스(에르메스 엘페 회장)

옌빈은 자신의 피를 팔아야 하루하루를 살 수 있었다.

하지만 그는 남다른 부지런함과 기회를 포착하는 능력,

그리고 과감하게 밀고 나가는 추진력이 있었다.

Have a nice day [6]

오늘은 명품(名品) 얘기를 해볼까요.

흔히 명품은 소유하는 게 아니라 누리는 것이라고 하지요. 그래서 어떤 사람이 차에서 내리면 그 차를 보지만, 명품 차에서 내리면 내리는 사람을 본다고 합니다. 우리는 이미 명품을 많이 알고 있지요. 예컨대 패션만 해도 샤넬, 루이비통, 구찌, 프라다 등 많이 있지요.

명품의 특징은 가격을 올려도 사려는 사람들이 있다는 것입니다. 프라다, 루이비통, 에르메스 등과 같은 브랜드들은 때만 되면 가격을 인상합니다. 그러나 가격 불문하고 항상 품절이 되고 살 수 없다는 것은 오히려 브랜드 가치 상승에 도움을 주지요.

이처럼 명품 브랜드들의 강력한 점의 하나는 가격 결정권 자체를 브랜드들이 가지고 있다는 것입니다.

용어 정리를 먼저 한다면 한국에선 'luxury goods'를 '명품'으로 해석합니다. 그렇지만 해석이 어떻든 사전적 의미는 다릅니다. 가령 사전에는 luxury goods는 사치품(분수에 지나친 물품)이라는 의미가 강하지요. 반면 명품(名品)은 masterpiece(뛰어난 작품)라고 해야 우리가 아는 정확한 의미지요. 그렇다면 왜 사치품을 명품이라고 부르기 시작했을까요?

명품업체들이 사치품에 대한 부정적 인식이 마케팅에 방해가 될 것으로 보고 명품이란 단어를 도입했다고 합니다. 한국만 보면 이런 마케팅 전략은 적중한 듯합니다.

2022년 한국의 1인당 명품 소비 지출액은 세계 1위를 기록했고, 시장 규모는 168억 달러(약 22조 원)로 전년 대비 24% 성장한 것으로 추정됩니다. 인구수로 환산하면 1인당 325달러인데 이는 중국과 미국의 1인당 지출액인 55달러, 280달러를 훨씬 웃도는 것이지요.

이런 한국인들의 명품 사랑으로 인해 급기야는 2023년 초에 루이비통모에헤네시(LVMH)의 시가총액이 유럽 기업 가운데 처음으로 5,000억 달러를 돌파하는 데 큰 기여를 했다는 평가가 나오는 이유입니다. 명품 시장의 주류인 셈입니다.

사실 한국인의 명품 선호 현상은 유명하지요. 미국 경제 전문매체 CNBC는 이런 선호 현상이 한국의 부(富)를 중시하는 문화와 관련이 깊다고 분석했습니다. 이런 분석은 모건스탠리의 조사 결과로도 충분히 증명됩니다.

"아시아 3국의 조사에서 '부자가 되는 것이 중요한가?'라는 질문에

'그렇다'는 응답 비율은 한국인이 60%로 가장 높았고, 그 뒤를 중국 (50%), 일본(40%)이 뒤따랐다."

이뿐만이 아닙니다. 부를 과시하는 것에도 한국인은 관대한 편입니다. 맥킨지앤드컴퍼니 조사에 따르면 한국 응답자의 22%만이 사치품 과시에 대해 부정적인 답변을 한데 반해 중국인 38%, 일본인 45%로 응답함으로써 두 나라에 비해 크게 낮았습니다. 어쨌든 한국 사람들의 명품 사랑은 유난하지요.

명품의 조건은 뭐니 뭐니 해도 '희소성'을 들 수 있지요. 사실 원한다고 모두 명품이 된다면 명품으로의 희소성은 떨어지겠지요. 재미있는 것은 명품에도 등급이 존재한다는 사실입니다.

예컨대 브랜드별 특성, 검색량 및 판매량 데이터, 나이별 구매 톱 브랜드 등을 반영해 트랜비(Trenbe)가 선정한 명품 브랜드 가이드에는 총 7개 레벨로 세분화되어 있지요.

이런 7레벨 중 차상위 레벨인 하이엔드(High-End)와 프레스티지 (Prestige), 프리미엄(Premium) 레벨 등에는 우리가 잘 아는 명품들이 포진해 있고, 가장 상위, 즉 명품 위의 명품인 엑스트라 하이엔드 (Extra High-End)에는 에르메스(Hermes)가 있군요.

에르메스는 200년이 넘는 전통과 장인정신으로 '명품 중의 명품'이라 불리는데 그중에서도 '켈리백'과 '버킨백' 같은 대표 상품은 매장마다 주문 대기자만 1,000여 명이 넘는 것으로 알려져 있지요.

더구나 에르메스는 브랜드 가치 유지를 위해 자기네 가방을 아무한테나 팔지도 않지요. 돈이 있다고 하여 살 수 있는 것도 아닌 것이죠. 말하자면 일정 구매 실적이 있는 고객에게만 가려서 팔아 '돈이 있어도 못 사는 백'으로 유명하지요. 결국 이런 얘기가 되지요.

"진짜 명품은 스스로를 자랑하지도 않고 알아달라고 보채지도 않지만 '명품 위의 명품'은 어떤 분야에도 존재한다. 이런 점은 다른 분야도 마찬가지이며 사람도 같다."

그렇습니다! 굳이 알아달라고 하지 않아도 명성에 걸맞게 에르메스는 최상위 부자들이 구매하기에 다른 브랜드들보다 한 단계 위라고 생각할 수 있지요. 그런 로열티 덕에 에르메스는 특유의 배짱 장사를 하나의 마케팅 방법으로 쓰고 있으며 이런 점을 다른 브랜드들이 따라 할 정도이니 에르메스의 영향력을 알 수 있는 것이지요.

특정한 브랜드가 아니라도 세상에 명품은 많은 것 같습니다.

인플레이션과 금리 상승으로 경기가 얼어붙으면서 전 세계 승용차 시장이 불황을 겪고 있지만 롤스로이스, 벤틀리, 람보르기니 등 초고가 차량 판매는 유례없는 호황을 누린 것으로 나타났네요.

카앤드라이버 등에 따르면 롤스로이스는 2022년 전 세계에 6,021

대를 판매해 118년 역사상 최다 판매를 기록했다고 합니다. 롤스로이스는 기본 모델 가격이 40만 달러(약 5억 원) 선이고, 각종 옵션까지 포함하면 50만 달러가 훌쩍 넘지요. 가격 불문하고 최고의 판매를 기록하고 있는 것이지요.

또 있습니다. 대당 20만 달러가 넘는 벤틀리도 지난해 1만 5천 대이상으로 종전 기록을 뛰어넘어 역대 최다 판매 기록을 경신했다는 소식입니다.

이탈리아 슈퍼카 람보르기니도 전년보다 10% 늘어난 판매 신기록을 갈아치웠고, 포르쉐도 전년 대비 3% 늘어난 30만 9,884대를 전 세계에 팔았다고 하네요.

메르세데스 벤츠의 최고가 라인업인 마이바흐는 판매량이 37% 급증했다고 하는데 앞으로의 전망도 좋습니다. CNN에 따르면 롤스로이스는 올해 주문이 꾸준한 상황이고, 람보르기니는 벌써 내년 중반치 주문을 받고 있다는 전언입니다.

경기 부진과 금리 인상, 공급망 차질 등으로 인한 전반적인 승용차 판매 부진과는 대조적인 것이지요. 말하자면 명품 회사 입장에서 보면 '불황이 뭐지?'쯤 되네요. 일단 명품의 반열에 이르게 되면 일반적인 경제 전망 등에 크게 영향을 받지 않는다는 반증이죠. 어쨌든 역대 최고 실적을 낸 롤스로이스 최고경영자(CEO)는 향후 전망도 좋게 보네요.

"순자산 3,000만 달러가 넘는 초고액 순자산 보유자가 급증하면서 롤스로이스 차를 사겠다는 고객이 향후 5년간 2~3%씩 증가할 것으로 예상된다."

명품(名品)이라는 주제에 어울리는 책도 있습니다. 전 세계 오피니언 리더라면 누구나 책상이나 서재에 두고 읽는다고 하는《나폴레온 힐 성공의 법칙(The Law of Success)》입니다.

이 책은 명품의 조건을 두루 갖춘 상태에서 출발합니다. 1908년 당시 세계 최고의 부자였든 앤드류 카네기가 갓 20세가 된 젊은 나폴레온 힐에게 한 다음과 같은 얘기로부터 탄생하지요.

"소크라테스와 플라톤 같은 유럽의 철학과는 다른 성공의 철학이 이제부터는 만인에게 필요한 시기가 올 거네. 잘 듣게! 나는 그 성공철학의 프로그램을 완성하기 위해 자네에게 최고의 성공자 500여 명을 소개하겠네. 나도 협력하겠지만 워낙 나이가 들어 크게 도움이 되지 않을지도 몰라. 대신 자네의 젊은 힘으로 반드시 프로그램을 완성해 주게."

이 대화로부터 알 수 있는 카네기의 생각은 앞으로의 세계는 누구나 일정 조건만 충족된다면 부(富)를 가질 자격이 있다는 것이지요. 지극히 미국인다운 발상이지요.

또한 부자가 되는 조건이 매우 엄격해야 하는 것이 아니라 누구나 갖출 수 있어야 하며, 그 과정에서 어떠한 속임수나 허황된 것이 아닌 증명된 것이어야 하는데 그것을 막연한 것이 아닌 책으로 정리하고 싶었던 것이지요.

이미 당시 세계적인 갑부였든 앤드류 카네기의 생각으로부터 시작하여 탄생한《나폴레온 힐 성공의 법칙》은 성공(成功)이라는 막연하고 추상적인 것을 하나의 학문(學問)으로 정립함으로써 '성공학'이라는 용어를 최초로 탄생시키지요.

그리고 그 추구하는 바에 걸맞게 전 세계적으로 수많은 백만장자 배출에 도움을 줌으로써 사람들의 삶을 풍요롭게 해준 전설적인 명저(名著)가 되지요.

"누구나 명품(名品) 인생을 원할 것입니다. 그렇지만 누구나 명품 인생이 되는 공부를 하지는 않습니다. 가령 자기 자식이 명품으로 살기를 바라면서도 그 명품에 도움줄 책을 자식들에게 선물하고, 읽히지는 않지요. 이율배반이지요."

사실 원한다고 해서 모두 명품이 된다면 그 희소성은 떨어질 것입니다. 마치 에르메스가 돈 준다고 아무에게나 팔지 않듯 말이죠. 이런 점은 사람도 마찬가지일 것입니다.

예컨대 책을 읽고 공부를 하는 이유도 어떤 영감을 얻어 명품 인생이라는 꿈에 도움을 받고자 하는 것입니다. 그러한 때 이왕이면 명품 중의 명품인 '엑스트라 하이엔드 레벨의 명품 인생'이 되면 더 좋을 것이고요.

그러면 지금부터는 에르메스가 어떤 과정을 거쳐, 어떻게 오늘날의 명품 위의 명품(Extra High-End)으로 인정받게 되었는지를 알아보겠습니다.

에르메스(Hermes)는 1837년 티에리 에르메스가 파리에서 설립한 프랑스의 유명한 명품 회사입니다. 루이비통, 샤넬과 함께 3대 명품이라 칭하기도 합니다. 사실 이 회사는 1801년 한 독일인이 파리로 망명을 하는 것에서부터 시작되었다고 봐야 합니다. 파리로 온 에르메스는 호구지책으로 말안장과 마구용품을 만들어 판매합니다.

심플한 마구용품을 열망하는 고객들의 바람을 위해서 마구용품을 섬세하고 정밀하게 만들었으며 빈틈이 없는 내구성을 갖추었습니다. 마차 모양 로고를 사용하는 이유는 이러한 역사에서 기원합니다.

지금은 명품업계의 최고 정점에 자리하고 있는 에르메스지만 처음에는 말안장과 마구용품으로 시작했다는 부분이 의미심장하지요. 어쨌든 그렇게 소소하게 시작한 에르메스가 오늘날 어떤 과정을 거쳐 어떻게 명품 위의 명품(엑스트라 하이엔드)이 될 수 있었는지를 보는 것은 의미가 있을 것입니다.

에르메스라는 이름은 창업자 티에리 에르메스(Tierry Hermes)의 이름에서 따왔으며 처음에는 명품하고는 거리가 먼 마구를 만들던 회사였지요. 지금도 대표 브랜드 이미지는 마차를 모는 사람인 이유이며, 이때부터 이미 수준 높은 가죽 제품을 만들기로 유명한 장인으로 이름을 알립니다.

그 뒤로 세월이 지나며 교통수단이 자동차와 배로 바뀌자 여행에 관련된 가죽 제품을 만들면서 회사가 크게 확장됩니다.

"에르메스는 창작의 자유와 가장 아름다운 소재에 대한 끊임없는 탐구는 양보하지 않습니다. 그리고 오래 지속되면서도 실용적이며 우아한 오브제를 만들어내는 뛰어난 노하우의 계승이 오늘날 에르메스의 독창성을 구축해온 원동력입니다."

시작은 작고 미미했어도 오랜 기간 고객들과 신뢰를 쌓아온 덕분에 지금의 위치(엑스트라 하이엔드)에 이른 것입니다.

어쨌든 6대에 걸쳐, 프랑스 가문의 소유로 독립적 운영을 유지해온 에르메스는 장인정신과 창의성, 혁신, 그리고 책임감이라는 기업가 정신을 비즈니스 모델로 삼고 있으며, 이것들이 쌓여 명품의 평가를 받는 것이지요.

명품 중의 명품이라 불리는 에르메스는 당연히 비쌉니다. 핸드백은 보통 몇 천만 원대의 가격이며 비싸게는 몇 억 원을 호가하기도 합니다. 그렇다면 에르메스는 왜 이렇게 비싼 것이며 꼭 비싸야 명품이 되는 것일까요?

앞에서도 설명한 것처럼 에르메스는 처음에는 말을 탈 때 사용하는 마구를 만드는 회사로 출발합니다. 그렇지만 당시에 에르메스 외에도 마구 제작업체가 많았는데 '어떻게 에르메스만 성장할 수 있었을까?'가 중요합니다.

이것은 '왜 가격은 그렇게 비쌀까?'라는 질문과 동전의 양면처럼 요인이 같습니다. 몇 가지로 정리해 볼 수 있습니다.

첫째, '장인정신'을 들 수 있다.

당연한 요인이겠지만 티에리 에르메스는 보통 장인정신이 아니었습니다. 마치 한국의 도자기 장인들과 비슷하게 스스로 판단하여 완벽한 '마구'가 아니라고 생각되면 과감히 폐기해 버립니다. 당시에 가죽을 구하기 매우 어려운 점을 고려한다면 보통의 장인정신이 아닌 것은 분명합니다.

이러한 품질을 바탕으로 1867년 프랑스에서 열렸던 만국박람회에서 마구 제품으로 1등상을 수상합니다. 이후 귀족들 사이에 입소문이 돌기 시작하면서 에르메스는 고속 성장할 수 있었습니다.

이 회사의 주력 제품인 '켈리백'은 미국의 영화배우이자 모나코 왕비였던 '그레이스 켈리'를 위하여 직접 디자인하였는데, 이 켈리백으로 에르메스는 분명한 자기만의 이미지를 형성하기 시작합니다.

켈리백 이후로 '여성복 컬렉션' 또는 '패션 잡지' 등을 시도하면서 더욱 성장하던 에르메스는 다시 크게 성장하는 계기를 만나게 되는데 그것은 1984년에 등장한 '버킨백'입니다. 당시 영국의 배우 겸 가수였던 '제인 버킨'은 파리에서 런던으로 향하는 비행기에서 에르메스 대표인 장 루이 뒤마와 나란히 앉게 되었습니다.

비행이 시작되었고 인사를 나누던 도중 버킨의 핸드백이 쏟아지게 되었는데 이를 본 대표가 가방에 문제가 있는 것을 인지하고 그 자리에서 버킨을 위한 백을 디자인하게 됩니다. 이것이 바로 요즘 2년을 기다려도 못 산다는 버킨백이 탄생하는 순간입니다. 이후로도 지속적으로 성장하여 지금의 에르메스가 되었습니다.

둘째, 제품이 아닌 작품을 만든다.

티에리 에르메스에서부터 이어진 장인정신이 깃든 에르메스는 루이비통, 샤넬 등의 타 브랜드와 다르게 모든 과정을 전속 장인들이 수작업으로 만든다고 합니다. 예컨대 타 명품 브랜드는 중국 등에서 생산된 제품을 본국으로 가져와 최종 조립하여 '메이드 인 이탈리아' 또는 '메이드 인 프랑스' 등으로 판매하는 방식을 택하기도 합니다.

그러나 에르메스는 그런 것을 따라하는 것이 아니라 지금도 전 제품 수공업을 고수하고 있다는 것이지요. 말하자면 장인들이 직접 손으로 만들기에 제품이 아닌 작품이 될 수 있는 것입니다.

셋째, 프로세스로 형성된 품질의 고집이다.

에르메스의 품질에 대한 것은 일종의 시스템으로 되어 있습니다. 예컨대 에르메스 학교를 거쳐 수련 과정까지 대략 5년에서 7년 정도 숙달된 장인들은 분업 없이 작업을 한다고 합니다. 그렇다 보니 장인 1인당 1주일에 제품 1~2개를 만들 수 있다는 것이지요.

제작 과정이 엄격할 뿐만 아니라 품질이 만족스럽게 나오지 않을 경우 창립자 티에리 에르메스처럼 불에 태워서 폐기를 한다고 합니다. 이러한 프로세스로 인해 얻게 된 에르메스의 명성이 지금처럼 유지될 수 있다고 합니다.

이렇게 에르메스의 경쟁력의 요체를 요약하면 '장인정신'과 '수공업'으로 무장한 '품질'이 에르메스가 지금처럼 성장한 이유이며 그것이 고가일 수밖에 없는 이유입니다.

사실 이런 요인들은 보기에는 지키기 쉬워 보이지만 여러 유혹 등으로 인해 고수하기가 어려운 것이기도 합니다. 이런 의미에서 정리해 보면 에르메스가 명품이고 비싼 진정한 이유는 '고집'이라고도 할 수 있을 것 같습니다.

옌빈

매혈(賣血)로 연명하던 소년,
중국 8번째 부자에 오르다

"성공한 사람들은 뼛속부터 모험정신으로 가득하다.
바람과 서리가 몰아치고 눈과 비가 온다고 해도
길을 만들고 다리를 놓아야 한다.
가만히 앉아 있는데 저절로 되는 성공은 없다."
– 옌빈(화빈그룹 회장)

개천에서 난 용, 연소득 1만 5,000원 산골 청년에서 제2의 리카싱(리자청), 중국 '레드불(Red Bull)'의 아버지, 중국에 레드불을 들여온 중국계 태국인, 자수성가의 아이콘, 화교계 성공 신화의 주인공….

이런 수많은 수식어는 모두 한 사람을 가리킨다. 바로 화빈그룹(華彬集團)의 옌빈(嚴彬) 회장이다.

조금 더 부연하자면 문화와 스포츠, 여행과 레저, 기능성 음료 등 다양한 사업을 펼치는 그룹사의 총수, 글로벌 거물급 인사와의 화려한 인맥을 지녔음에도 존재감을 드러내지 않는 숨은 자산가로 알려져 있다. 그 결과 옌빈 회장은 리카싱 회장과 함께 가장 성공한 중국 태생의 화교 기업인으로 꼽힌다.

매년 중국의 부자, 자산 보고서를 발표하는 〈후룬(胡润) 보고서〉에 의하면 옌빈 회장은 자산 600억 위안(약 10조 7,000억 원)으로 중국에서 8번째 부호로 기록되었다.

이렇게 엄청난 자산을 가진 옌빈 회장이지만 어렸을 때는 국수 한 그릇 먹는 것이 소원일 정도로 가난했다고 한다.

옌빈은 1954년 중국 산둥성에서 태어났다. 찢어지게 가난한 집안에서 태어났기 때문에 중학교도 겨우 마칠 수 있었다. 당시는 문화대혁명 기간이었고 농촌이었기에 고구마로 배를 채우며 1년간 일해 번 돈이 고작 92위안(약 1만 5,000원)에 불과했다고 한다.

이런 소년 시절을 거친 덕에 엄청난 부자가 된 지금도 '가난이 제일 무섭다'고 말한다. 밀가루 음식은 구경조차 못하고 매일 고구마로 연명했던 시절을 뒤로 하고 옌빈은 활로를 찾아 태국으로 향한다. 고향에서의 가난과 배고픔을 견디지 못한 18세 소년은 고향을 떠나 무작정 태국의 방콕으로 밀입국한 것이다.

하지만 사정은 나아지지 않았다. 그곳에서도 현실은 상상 이상으로 잔혹했다. 태국에 막 도착했을 무렵에는 수중에 돈이 없어 피를 팔아서 끼니를 해결해야 했다. 매혈(賣血)로 연명하던 가난한 이민자였던 것이다. 그는 당시의 소원이 배불리 먹는 것이라면서 그때를 회상하곤 한다.

"당시 몸속의 피를 과도하게 빼내서 몸이 성할 수가 없었지요. 당시는 먹는 것을 해결하는 것이 관건이었지요. 그래서 막노동으로 찾은 일자리에서 내가 바랐던 것이라곤 '배고픔 해결'뿐이었어요."

아무것도 가진 것 없는 그가 할 수 있는 일은 막노동뿐이었다. 굶어죽지 않는 것이 유일한 목표였지만 그 취직한 곳에서 옌빈은 타고난 눈치와 신속한 일처리, 성실함으로 승부를 한다.

옌빈은 차이나타운의 건설 현장에서 일을 하게 되고 이때 작업반장의 눈에 든다. 어릴 때부터 성격도 야무지고 눈치도 빨랐던 옌빈은 부지런하기까지 해서 곧 작업반장의 신임을 얻었던 것이다.

다른 사람들이 아침 8시에 일어날 때 옌빈은 새벽 5시부터 일어나 숙소와 화장실 청소를 하고 작업장에 나갈 준비까지 철저하게 마쳤다. 작업반장은 이런 그의 태도를 눈여겨봤고 입사 2개월 차인 옌빈을 팀장 자리에 앉혔다. 곧이어 옌빈을 신뢰한 작업반장은 그에게 경리 업무까지 맡겼다.

주변인들이 혀를 내두를 만큼 강한 의지와 끈기가 그에게 파격적인 승진의 기회를 열어준 것이다. 그가 항상 얘기하는 것처럼 '노력은 배신하지 않았다'. 드디어 그에게 기회가 온 것이다.

이렇게 먹고사는 문제가 해결되자 옌빈은 자신의 사업을 하고 싶다는 꿈을 차곡차곡 실행에 옮긴다. 새벽부터 부지런히 일해서 번 돈을 조금씩 모아 밑천을 마련했지만 사업을 하기엔 자금이 턱없이 부족했다. 그는 부족한 자금을 신뢰, 도전, 추진력으로 대신하며 난관을 헤쳐 나갔다.

부지런하면서도 근면 성실한 태도를 높이 산 주위의 화교들이 옌빈을 믿고 사업 자금을 제공했다. 이렇게 해서 1984년에 설립된 것이 화빈그룹이다. 만 30세라는 이른 나이에 물류, 여행, 국제무역을 아우르는 그룹사의 총수가 된 것이다.

이후 옌빈은 돈을 버는 족족 태국 방콕에 있는 낡은 빌딩 등을 매입한다. 이 건물은 현재 방콕 중심가에서도 가장 요지의 상업중심지인 '노른자위 땅'을 당당히 차지하고 있다.

사실 옌빈은 '성공한 사람들은 뼛속부터 모험정신으로 가득하다'는 말을 실제로 실천하고 있다. 그는 대외적으로는 좀처럼 자신을 드러내지 않지만 그의 투자방식은 누구보다 대담하다. 물론 이 과감한 베팅 뒤에는 아주 치밀한 계획이 뒷받침하고 있다.

1995년, 태국에서의 고생을 뒤로하고 중국으로 돌아온 옌빈은 미완공 상태로 버려진 건물을 사들이기 시작한다. 당시에 매입한 건물은 베이징에 위치하나 12년간 공사가 미뤄져 어느 누구도 건드리지 못하는 '골칫덩어리'였다. 바로 이 골칫덩이를 구입하려고 대출을 받으러 갔을 때 은행장이 극구 말렸다는 일화는 유명하다.

"당신이 계약하려는 건물은 12년간 방치된 것을 아는가? 이 건물을 사는 건 빌딩 위에서 투신하는 것과 마찬가지이다. 잘 생각해서 하라."

그럼에도 옌빈은 자신의 결심을 밀어붙였고 이때 매입했던 '골칫덩이 건물'은 현재 베이징 경제 중심지역 CBD(Central Business District)에 있는 화빈 국제빌딩(화빈그룹 본사)으로 재탄생했다. 건물의 가치가 수십 배 이상으로 뛰어올랐음은 물론이다. 무일푼에서 세계적인 부호로 거듭나는 그의 결단력을 엿볼 수 있는 거래이다.

여러 가지 사업을 하지만 사실 옌빈은 '중국 레드불'의 아버지로 불린다. 음료업체인 화빈그룹은 중국 기능성 음료 시장의 80%를 장악하고 있고, 대표적인 제품이 레드불이므로 그가 '레드불'의 대명사로 통하는 것은 이해할만 하다. 레드불은 본래 태국에서 탄생한 에너지 드링크(기능성 음료)이다.

레드불은 2021년 전 세계 172국에서 캔 98억 개가 팔린 대표적인 에너지 보충 음료다. 밤새 공부하거나 야근할 때, 장기간 운전할 때, 활동량이 많은 익스트림 스포츠를 할 때 등 순간적으로 에너지를 내고 집중력을 높이기 위해 레드불을 즐겨 마시는 사람이 많다.

태국 제약사 TCP가 1987년 '레드불' 브랜드로 첫 제품을 출시했다. 이 에너지 드링크는 태국어로 '붉은 소'란 뜻을 가지고 있는데 성분이 카페인, 타우린, 이노시톨, 비타민 B, 사탕수수 등을 함유한 무

탄산 음료로 처음에는 건설·운송 등 분야의 육체 노동자층을 겨냥해 판매를 했다.

파란색과 은색 캔으로 된 레드불은 출시 직후부터 젊은층 사이에 폭발적 인기를 끌며 1997년엔 미국 시장으로 진출한다.

"미국 시장조사 기업 T4의 보고서에 따르면 레드불은 2020년 세계 에너지 드링크 시장점유율 43%로 1위를 차지했다. 미국 몬스터 에너지가 39%(2위), 록스타가 10%(3위)로 뒤를 이었다."

이렇게 승승장구하고 있는 레드불은 2021년 전 세계 매출이 88억 7,000만 유로(약 12조 원)로, 코로나19 사태 전인 2019년(60억 7,000만 유로) 대비 46% 이상 늘었다고 한다. 시장이 점점 커지는 것이다.

이것을 중국에 들여온 것이 바로 옌빈 회장이다. 일부 중국인들이 레드불의 창시자를 옌빈 회장으로 착각하는 것도 바로 이러한 이유에서이다.

1995년 중국으로 돌아온 옌빈 회장은 선전(深川)에 중외합자회사인 레드불 유한공사를 세우고 중국 소비자들에게 레드불을 알리기 시작했다. 당시만 해도 중국에서 기능성 음료시장은 '미개척지'였고 옌빈 회장은 바로 이 '기회의 땅'을 선점한 것이다.

사업의 기회를 보는데 특별한 재능을 가진 옌빈 회장은 중국 시장의 발전 가능성에 대한 확신을 근거로 무려 2억 위안(약 340억 원)의 자금을 투자한다. 물론 어려움이 있었지만 초반 어려운 시기를 잘 견뎌낸 옌빈 회장을 살린 건 바로 한 줄의 광고 문구였다.

"피곤할 때, 힘들 때엔 레드불을 마셔요!"

이 짧은 광고 카피는 중국인이라면 누구나 알 만큼 공전의 히트를 쳤고 십수 년간 레드불의 인기를 지탱해 온 근간이 된다. 30여 년이 지난 지금까지도 중국에서 레드불은 기능성 음료의 정상을 차지하고 있으며, 중국 내 기능성 음료시장 점유율 80%를 자랑한다.

이런 성공을 뒷받침한 것은 옌빈 회장의 사업 감각일텐데 그는 '시장의 흐름을 아는 것이 가장 중요하다'고 강조한다. 트렌드를 제대로 파악하지 못하면 소비자들의 니즈(수요)를 제대로 간파할 수 없다는 얘기이다. 어쨌든 현재 옌빈 회장이 이끄는 화빈그룹은 대표적인 화교 기업이자 다국적기업으로 자리매김했다. 자수성가의 아이콘이랄 수 있는 옌빈 회장은 이렇게 조언한다.

"사업을 한다고? 창업의 길은 절대로 순탄할 수가 없다. 하지만 끈기 있게 버티면 기회를 잡아 결실을 얻을 수 있는 것 또한 사업이다."

실례로 1997년 아시아 금융 위기가 발생했을 때 옌빈 회장이 취한 남다른 대처방식은 태국 금융계의 찬사를 받았다. 금융 위기가 휘몰

아칠 때 태국의 화교들은 대부분 자산을 현금화해 중국으로 돌아갔지만, 옌빈은 반대로 가치가 폭락한 태국 바트화를 사들여 시장이 진정되면서 큰 이득을 본다. 순간의 선택으로 엄청난 돈을 번 것이다.

그의 이런 대처는 태국 경제의 펀더멘탈(기초경제 여건)에 대한 믿음이 있었기 때문에 가능했다. 실제로 옌빈 회장은 시장에 대한 예리한 감각을 유지하기 위해 규칙적인 생활과 각종 신문 읽기를 생활화한다고 알려져 있다.

그의 러브스토리 또한 대중들의 호기심을 자극하기에 충분하다. 그와 태국 공주의 러브스토리인데 부인은 우볼 라타나(Ubol Ratana) 공주로 대외활동, 특히 외교적 행보로 존재감을 드러내는 인물로 꼽힌다. 당연하지만 둘의 연애는 태국 왕실의 강한 반대에 부딪친다. 가난한 집안 출신에 학력도 변변치 않은 그가 왕실의 눈에 들었을 리는 만무하기 때문이다.

하지만 공주는 옌빈을 포기하지 않았고 마침내 결혼에 골인한다. 매혈(賣血)로 하루하루를 연명하던 가난한 이민자였던 그가 드디어는 왕족을 아내로 둔 화려한 신분상승을 한 것이다. 그 덕에 그의 인맥은 화려하기 그지없다. 태국 전 총리, 전직 미국 대통령 등 세계적인 거물급 인사들과 막역한 사이를 자랑한다. 화려한 글로벌 인맥을 자랑할 정도가 된 것이다.

중국 기능성 음료시장의 80%를 장악하고 있는 화빈그룹을 이끌며 엄청난 부를 자랑하는 옌빈. 그야말로 무수저로 맨바닥의 무일푼에서 세계적인 부호로 거듭난 옌빈 회장의 성공 비결은 무엇일까?

첫째, 사람들로부터 '신뢰'라는 가치를 얻어야 한다.

누가 보든 보지 않든 특유의 성실함과 철저한 준비성으로 사람들로부터 신뢰라는 가치를 얻은 것이 옌빈의 첫 번째 성공 비결이다. 그런 신뢰가 있었기에 이방인으로 시작했지만 태국에서 그는 왕족은 물론 정·재계에 이르기까지 지인들이 많다.

태국 국회의장의 경제고문을 지냈고, 태국 탁신 전 총리는 공공연하게 옌빈 회장을 각별한 친구라고 소개한다. 이렇게 인맥이 화려함은 물론 '챈차이 라이룽렁'이라는 태국 이름도 갖고 있는 옌빈 회장은 중국에서 가장 성공한 화교로 평가받고 있다.

둘째, 새로운 기회를 찾아 과감히 도전해야 한다.

그의 두 번째 성공 비결은 늘 새로운 기회를 찾아 과감히 도전하는 프런티어 정신을 들 수 있다. 옌빈 회장은 처음에는 버려진 캔을 수집해 수출하는 소규모 국제무역을 했다. 말하자면 구멍가게였는데 그 사업이 어느 정도 궤도에 오르자 새로운 사업을 물색했으며, 그때 눈에 들어온 것이 바로 태국의 음료수 레드불이었다.

이것은 우리나라로 치면 '박카스'와 비슷한데 당시 이 기능성 음료는 태국에서 매년 10억 개 이상 팔릴 정도로 대히트 중인 상품이었다. 반면 당시만 해도 중국인들은 물 대신 주로 차를 마시고 있었으며 아직 기능성 음료라는 개념이 서지 않은 시장 상황이었다. 그런 시장조사 끝에 그는 이 음료수가 건강에 관심이 많은 중국인들에게도 통할 것이라고 판단했다. 그 결과는 적중했다.

그는 1995년 '홍뉴'라는 이름으로 레드불을 출시했고, 중국에서 독점 판매할 수 있는 권리를 확보한 뒤 본격적으로 시장에 진출한다. 처음에는 광둥성 선전에 공장을 짓고, 1998년에는 베이징에도 공장을 추가 건설하면서 음료수 시장에 박차를 가한다.

폭발적인 성장의 결과 중국 기능성 음료시장의 80%를 점유할 만큼 회사를 키워 나갔다. 드디어 2013년에는 중국 시장에서 홍뉴 하나로 연간 151억 4,300만 위안, 우리 돈으로 약 2조 7,000억 원의 매출을 올리게 된다. 시장을 만든 결과였다.

이는 결국 세상이 어떻게 변하고 있는지 유심히 관찰하고 그 찬스를 포착해 사업화하는 끈기와 노력이 만든 결과였다.

셋째, 자신의 선택을 믿고 뚝심 있게 밀고 나가라.

그의 세 번째 성공 비결은 추진력인데, 이는 자신의 선택을 믿고 뚝심 있게 밀고 나가는 것이다. 홍뉴로 베이징에 진출한 직후 옌빈은 사원 교육을 위해 연수원 부지를 물색하다가 베이징 서북쪽 외곽에서 버려진 한 농장을 발견한다. 이 농장은 고비사막과 가까워서 몇 개월을 제외하고는 1년 내내 황사가 심한 곳이었다.

옌빈은 이곳에 녹지를 조성하기로 마음먹고 이 부지를 사들여 나무를 계속 심었다. 그 과정이 쉽지는 않았지만 포기하지도 않았다. 그러자 황폐했던 농장이 서서히 녹지로 변모했다. 때마침 중국에서 골프 붐이 일어나기 시작할 때였는데 옌빈은 그 붐에 편승해 골프장을 세워보면 어떨까 구상을 한다.

이렇게 황폐한 농장을 녹지로 만들었지만 골프장을 세우겠다는 옌빈 회장의 구상에 그룹의 부동산 사업 담당 임원들은 현실적으로 불가능한 일이라며 고개를 저으며 반대를 한다.

"베이징에서 잔디를 기르는 것은 아이를 키우는 것보다 더 어렵다는 말이 있습니다. 나무와 골프장은 다른 얘기에요. 불가능합니다."

반대하는 데에도 일리는 있었다. 예컨대 잔디 뿌리는 고작해야 25cm 정도인데 뿌리를 잘 내리려면 토양에 유기질이 풍부해야 하고, 햇볕을 잘 받게 주변에 나무 그림자가 없어야 한다. 사정이 그러함에도 이 농장의 토질은 황사바람이 부는 메마른 땅이었으며 이미 나무가 많이 심어져 있어 잔디를 키우기가 불가능해 보였던 것이다.

하지만 옌빈은 자신의 뜻을 그대로 밀어붙였다.

"그래도 한번 해보자. 안 해봤잖아. 책임은 내가 진다. 잘 안 돼도 자네들을 해고하지는 않겠다."

예상대로 잔디는 곧 죽어버렸다. 그렇지만 죽은 잔디를 뽑아내고 새 잔디 심기를 몇 차례를 진행하자 잔디가 조금씩 살아나면서 눈앞에는 고대하던 잔디의 녹색 융단이 펼쳐졌다. 그런 과정을 거쳐 2000년 중국 최대의 골프장인 '화빈장위안'이 건설되었다.

이렇게 모두가 불가능하다고 할 때조차도 옌빈은 두둑한 배짱과 뚝심으로 목표를 향해 돌진하여 결국 성공을 이뤄낸 것이다.

사실 옌빈보다 더 어려운 시절을 보낸 사람을 찾는 것은 쉽지 않다. 흙수저도 아니고 아예 무(無)수저로 태어났으며 피를 팔아야 하루하루를 살 수 있는 사람도 찾기 힘들다. 그러나 비록 돈도 배경도 없었지만 그에게는 남다른 부지런함과 기회를 포착하는 능력, 그리고 과감하게 밀고 나가는 추진력이 있었다.

결국 어떤 극한 상황도 꿈을 가지고, 열정으로 무장하여 끈기 있게 덤비는 사람에게 난관이나 장애물은 디딤돌일 뿐이다. 중국의 8번째 부자 옌빈의 사례에서 배울 교훈이다.

1억 원을 버는 게 빠를까?
세는 게 빠를까?

.
.

"부자란 동서(처형이나 처제의 남편)보다
돈을 더 많이 버는 사람이라고 합니다. 이것은 부의 기준을
주변 사람과의 비교에서 오는 만족감이라고 보기 때문입니다.
결국 부(富)는 상대적인 가치이죠."
– 헨리 루이스 멘켄(미국 저널리스트)

샘 올트먼은 똑똑하거나 또는 노력하는 것 가운데

하나를 갖추면 90%의 타인을 넘어설 수 있지만,

그를 뛰어넘어 99%보다 앞서려면 둘 다 갖춰야 한다고 강조한다.

Have a nice day [7]

오늘은 재미있는 주제로 '1억 원을 버는 것과 1억 원을 세는 것 중 어떤 것이 빠를까?'라는 얘기를 해보겠습니다.

흔히 '열심히 공부하고 노력을 하지만 원하는 성취와 부는 요원하다'고 합니다. '열심히 하는 것과 부자가 되는 것은 다르다'는 의미죠. 과연 그럴까요? 같이 고민해보실까요? 나폴레온 힐은 "생각하라. 그러면 부자가 되리라"라는 멋진 말을 했지요. 그 말을 곰곰이 생각해보면 '열심히 일해서 부자가 되라'고 한 것이 아닙니다.

오히려 '생각하라'는 그의 말은 예컨대 '돈은 아이디어의 산물이다'라는 의미지요. 이를 더 확대해서 보면 '돈이 있어야 돈을 번다'는 생각은 경제적으로 똑똑하지 못한 사람들의 협소한 생각에 불과하다는 것을 뜻한다고 할 수 있지요.

돈이 없는 사람은 돈을 버는 과학을 배우지 않았다는 의미일텐데 정작 필요하고 열심히 해야 하는 것은 돈이 움직이는 원리를 배우고 그것에 익숙해지는 것입니다. 몇 년 전 방영했던 드라마 〈시티홀〉에서 주인공(차승원 분)이 한 연설을 상기해볼까요.

"여러분에게 한번 물어보겠습니다.

1억 원을 버는 게 빠를까요? 1억 원을 세는 게 빠를까요?

아마도 자신 있게 '당연히 세는 게 빠르지요'라고 답을 할 것입니다.

과연 그럴까요?

1억을 1초에 1개씩 센다고 가정해 봅시다.

밥도 안 먹고 잠도 안 자고 연애도 안 하고 하루 종일 돈만 센다고 해봅시다. 하루는 24시간이고 1,440분이며 86,400초지요.

바꿔 얘기해서 1억을 86,400초로 나누면 약 1,157일이 걸리고 이는 39개월이며, 년으로는 3년 2개월이니 결국 3년 이상을 꼬박 매달려야 1억을 셀 수 있습니다. 그런데 사람이 24시간 숫자만 셀 수 있습니까?

더구나 천 단위로 넘어가면 과연 1초에 1개씩 셀 수나 있을까요?

그러면 1개를 세는데 2초로 해봅시다. 대략 7년이 걸리고, 3초로 잡으면 10년이 넘게 걸립니다. 그럼 여러분께 다시 묻겠습니다.

'1억 원을 버는 게 빠를까요? 세는 게 빠를까요?'

아마도 제정신 가진 사람이라면 버는 것이 빠를 거라고 대답할 것입니다. 그러면 여러분은 지금 1억 원이 있으십니까?"

연설의 요지는 돈은 세는 것보다 버는 것이 훨씬 빠르다는 말입니다. 그러므로 당신의 삶에서 원하는 걸 발견하지 못했다면 그건 '당신의 선택이 잘못된 것이다'라는 설명이죠. 그럼 연설의 마지막 멘트를 상기해보죠. '여러분은 지금 1억 원이 있으십니까?'였지요. 곰

곰 생각해보면 많은 의미를 내포하고 있는 반문이지요.

예컨대 10년을 개미처럼 일만 해도, 20년을 알뜰살뜰 저축해도, 30년을 안 쓰고 안 입고 아등바등하면서 '지금 1억 원을 벌어놓으셨습니까?'라는 질문인 것이지요. 물론 여기서 1억 원은 상징적인 액수를 얘기하는 것이고요.

그러면 도대체 왜? 세는 것보다 버는 게 빠른 그 1억 원이 '여러분에겐 없는 겁니까?'라는 질문이죠. 역설적으로 '그 많은 돈들은 다 어디 있다는 말입니까?'라면서 정작 하고 싶은 얘기는 '그렇기 때문에 여러분들은 반성하셔야 합니다!'라는 것이지요. 빈정대고자 하는 것은 아니고 바꿔 얘기하면 이런 얘기가 되네요.

"당신이 삶에서 아직 원하는 걸 발견하지 못했다면, 아직 부자가 아니라면, 그건 당신의 선택이 잘못되었던 겁니다."

물론 이것은 하나의 가정입니다. 중요한 것은 '왜? 세는 것보다 버는 것이 빠르다는 1억 원이 대다수의 사람들에게는 없는 것인가?'하는 점입니다. 과연 그 많은 돈들은 다 어디에 있단 말입니까?

더욱 심란하게 하는 것은 그 1억 원의 20~50배쯤의 돈은 가져야 제대로 된 노후준비가 된다는데⋯. 보통 사람이 10년을 개미처럼 일해도, 20년을 알뜰살뜰 저축해도, 30년을 안 쓰고 안 입고 아등바등해도 노후준비를 위한 그 돈을 버는 것이 쉽지 않은 현실이라는 것이지요. 그럼 무엇이 문제일까요?

흔히 팔자타령을 합니다. 그러나 분명한 것은 돈에 허덕이고 칙칙한 삶을 살도록 운명 지워진 사람은 없습니다. 결국 팔자타령은 비겁한 '자기 위안'인 것이지요. 오히려 각자의 선택과 습관, 행동 패턴이 그런 결과를 야기한 것으로 이해해야 합니다.

그렇기 때문에 악순환의 고리를 끊으려면 제대로 된 선택과 결단이 필요하며 그래야 삶이 바뀌고, 인생의 그림이 바뀔 수 있다는 점입니다. 그래서 이어지는 연설을 경청할 필요가 있습니다.

"여러분은 지금 직장을 잃어도, 집을 잃어도, 그 흔한 문화시설 하나 없어도 다 내 팔자인 것입니까? 과연 여러분들은 그런 팔자를 원하셨던 겁니까? 천만의 말씀입니다. 여러분의 선택이 바뀌어야 당신의 삶이 바뀌고, 당신의 삶이 바뀌어야 당신 아이들의 삶이 바뀝니다."

연설에서처럼 아픈 아이의 병원비가 없어 발을 동동 구르지 않게, 더 나아가 아이의 교육을 위해 이삿짐을 싸지 않도록, 말하자면 '돈으로부터의 자유'를 위해 삶을 바꾸려는 시도는 중요합니다.

사실 부자가 되고 폼나는 삶을 원하지 않는 사람은 없을 것입니다. 그런 것에 도움을 받고자 공부도 합니다. 그 결과 주위에는 그럴 듯하고 좋은 얘기를 나열하는 책이나 자칭 '전문가'들의 강연 역시 넘쳐나지요. 내용도 좋고 가슴도 뛰지만 실제 '성취'와 연결되는 것은 다른 문제지요. 열심히 하는 것과 실제 성취는 다르지요. 물론 공부 자체가 좋아서 열심히 공부한다면 다르겠지만요.

왜 그런 것일까요? 그것은 개념 정리가 제대로 되지 않은 상태에서는 어떤 미사여구나 아름다운 이론도 '실제 성취'와는 거리가 멀다는 반증입니다. 더구나 그것이 검증되지 않는 막연한 것이라면 더 언급하는 것이 입만 아프죠.

열심히 하는 것은 배웠지만 부의 개념을 배우지 못한 사람일수록 '언젠가는 인생을 즐기며 살 거야!'라고 다짐합니다. 그러나 유감스럽게도 그 언젠가는 결코 오지 않습니다.

> "열심히만 한다고 성공을 하고 부자가 되는 것이 아니듯, 무턱대고 열심히 한다고 좋은 대학을 가고 비즈니스에서 큰 성취를 하는 것은 아니다. 정확한 개념 정리가 필요한 이유이다."
>
> –《젊은 부자의 수수께끼 부자는 너처럼 안해》

예컨대 '어려운 문제는 패스하고 쉬운 문제만 풀어서는 결코 서울대학교를 갈 수 없다'는 말이 있지요. 변별력을 위해 어려운 문제가 꼭 끼어있는 것인데 기출문제만 열심히 공부한다고 명문대를 갈 수 없는 것과 같은 이치지요.

부연 설명하면 좋은 대학에 가는 거나 부자가 되는 원리(돈의 노예로 살아서도 안 되지만, 돈에 밝으면 돈의 주인으로 살 수 있다)는 같다는 것이지요. 그러나 돈에 관해서는 잘못된 충고들이 많지요.

그중의 하나만 보면 많은 전문가(?)라는 분들이 돈의 수입보다 지출을 조절하라고 조언하지요. 수입은 조절할 수 없지만 지출은 조절할 수 있으니 규모 있는 경제활동을 하라는 것이지요. 일면 타당성도 있겠으나 과연 그것이 합리적일까요?

이 점에 대해《부자 아빠 가난한 아빠》의 저자 로버트 기요사키는 정확히 반대로 얘기하네요. 그는 '수입 자체를 늘리는 것에 집중하라'고 합니다. 정해진 월급과 소득에서 아끼는 것보다 수입과 소득 자체를 늘리는 방법에 몰입하라고 합니다. 그의 의견이 100% 정답은 아니겠지만 저는 이 부분은 기요사키와 같은 생각입니다.

"부자가 되려면 지출보다는 수입에 집중해야 한다는 것은 의심의 여지 없지요. 사실 어떤 일이든 아예 모르거나 제대로 아는 사람은 조용히 있는 반면 조금 아는 사람이 항상 요란하지요. 잘못된 충고로 말이지요."

— 《백만장자 연금술》

그런 잘못된 충고를 받아들인 결과, 잘못된 선택을 하게 되고, 열심히 해도 그것은 잘못된 행동으로 귀결되고…. 그 결과는 유감스럽게도 '성취'와는 거리가 먼 칙칙한 인생의 주인공이 되는 것이지요.

최근 대한민국 최고(1등) 부자가 된 김범수 의장은 찢어지게 가난한 흙수저로부터 시작하여 자수성가로 그런 부를 일궜습니다. 그의 사례에서 보면 '열심히 일해서 부자가 되라'는 것이 아니라 오히려 돈은 '아이디어의 산물'이라는 것이 증명되는 것이지요.

이로써 생각과 아이디어의 중요성은 부연 설명이 필요 없게 되었네요. 더구나 나폴레온 힐의 '생각하라. 그러면 부자가 되리라'라는 멋진 표현은 확인이 된 셈이네요.

사실 '돈의 노예가 되느냐, 아니면 돈의 주인이 되느냐'하는 것은 중요하지요. 특히 젊은이들(자녀, 조카, 학생(제자))이 돈 때문에 인생의 행복과 품격을 놓치는 일이 없도록 하기 위해서는 우선 '돈을 밀어내는 4가지 행동요인'을 제거하는 것부터 알려줘야 하지요.

이는 자수성가한 백만장자 사업가 롭 무어가 들려주는 내용인데 요약, 정리해 보면 부와 멀어지는 4가지 행동은 비난, 불평, 변호, 정당화라는 4가지 키워드로 설명하고 있습니다.

그는 사람들이 열등해서가 아니라 죄책감, 수치심, 두려움 때문에 비난하고, 불평하고, 변호하고, 정당화한다면서 부를 이루기 위해서는 이러한 부와 멀어지는 행동요인을 제거하라고 충고합니다.

① 비난 : 당신은 정부나 시스템, 은행, 정치인, 정책 입안자, 언론, 고객, 구매자와 판매자, 부유하지만 사악한 사람들을 모두 비난하곤 합니다. 하지만 그래봐야 달라지는 건 아무것도 없습니다. 그들 중 누구도 당신에게 전혀 신경을 쓰지 않기 때문입니다.

② 불평 : 좌절, 분노, 불공정, 죄책감 등 부정적인 감정들의 배출구는 결국 비난이지요. 그러나 매일 이것저것 욕하고 불평만 한다면 당신의 삶은 어디로 갈까요.

③ 변호 : 자신의 입장과 결정을 변호하는 건 완전히 에너지 낭비입니다. 당신이 뭐라고 말하든 사람들은 자신이 하던 생각을 계속할 것이기 때문이지요. 헛수고라는 의미지요.

④ 정당화 : 이 부분도 많이 빠지는 함정이죠. 대개의 경우 자신의 결정과 행동을 정당화하다가는 괜히 의심만 사지요. 변호처럼 정당화 역시 시간과 에너지를 낭비할 뿐입니다. 따라서 굳이 사람들로부터 승인받으려고 할 필요도 없는 것입니다.

챗GPT로 새로운 역사를 만든 청년의
13가지 성공 비결

> "앞으로 몇 년간은 인터넷 등장 이후 가장 좋은 기회의 장이 될 것입니다.
> 특히 AI를 활용하는 창업자들에게는 그야말로 적기라고 할 수 있지요.
> 자신에 대한 믿음을 갖고 독창적으로 생각해야 답을 얻을 수 있지요."
> – 샘 올트먼(오픈AI 창업자)

'역사상 가장 위대한 인물이자 문명의 건설자'라는 평가를 받은 대학 중퇴생. 아직 40세(1985년 생)가 채 안 된 젊은 사람으로 2023년까지 벌어들인 돈이 5억 달러(약 6,370억 원) 정도로 추산되는 엄청난 부자. 바로 챗GPT를 만든 샘 올트먼(Sam Altman)이다.

혁신의 산실이라는 미국 실리콘밸리, 그리고 그곳을 기반으로 새로 탄생한 억만장자들. 서로 공통점이 없을 것 같은 실리콘밸리와 억만장자 사이에는 2가지 공통점이 있다. 키워드로 정리해 보면 바로 '대학 중퇴'와 '유대인'이라는 공통점이다.

특히 실리콘밸리의 자퇴 집착증은 하나의 트렌드처럼 보인다. 예컨대 빌 게이츠, 스티브 잡스, 마크 저커버그를 비롯해 구글 창업자 세르게이 브린, 오러클 창업자 래리 앨리슨, 트위터 공동 창업자 에번 윌리엄스, 우버 창업자 트래비스 캘러닉 등이 대학을 중퇴하고 회사를 차려 성공한 인물들이다.

저명한 중퇴생들은 또 있다. 오픈AI(OpenAI) 공동 창업자 샘 올트먼, 자율주행차의 핵심 센서인 라이다를 개발해 세계 최연소 억만장자 반열에 오른 루미나 창업자 오스틴 러셀, 지난해 어도비에 200억 달러에 인수된 디자인 툴 개발업체 피그마의 창업자 딜런 필드, 이더리움 창시자 비탈릭 부테린도 그렇다.

오죽하면 테라노스 사건을 다룬 8부작 드라마 제목이 〈Dropout〉이다. 우리말로 하면 '자퇴'쯤 된다. 이 사건은 실리콘밸리 역사상 최대 사기극으로 불리는데, 사건의 주인공인 엘리자베스 홈스는 19세 때 스탠퍼드대학교 화학과를 자퇴하고 부모가 대학 등록금으로 모아둔 돈을 종잣돈 삼아 회사를 차렸다. 그 회사가 바로 '자퇴'의 무대가 된 테라노스이다.

"실리콘밸리에는 '대학 졸업장을 땄다면 당신은 이미 실패자다'라는 말이 있는데, 웃을 수도 없는 이런 조크가 통용되는 이유는 테크 업계에서 성공한 사람 중 대학 중퇴자가 유독 많아 생긴 농담이다."

이는 학벌보다 실력을 중시하는 풍조 때문이라고 할 수 있다. 그렇기는 해도 대학을 자퇴해야 진정한 천재로 여기는 실리콘밸리의 자퇴 집착증은 유별난 점이 있다. 실례로 페이팔을 창업해 억만장자가 된 피터 틸은 재단을 세워 젊은 인재들에게 창업 지원금을 지원하는데 그 수령 조건이 당장 학교를 그만두는 것이라고 한다.

참 웃기는 조건인 셈인데 어떻게 봐도 그런 극단적인 조건이 우리 정서에는 맞지도 않거니와 최상위권 학생일수록 기를 쓰고 의대에 가는 걸 당연시하는 한국에서는 상상하는 것 자체가 어려운 일이다.

그러나 자퇴라는 극단적 방법까진 아니더라도 미국의 똑똑한 학생들은 학벌이나 전공 면에서 한국 학생들보다 선택의 폭이 훨씬 넓다. 한 조사에 따르면 미국에서 지능지수(IQ) 최상위권 학생들이 가장 많이 선택한 전공은 물리학, 천문학, 수학, 과학, 철학, 소재공학, 경제학, 화학공학 순이었다.

이것은 군이 대학 졸업장이 없어도 되고, 한국에서는 기피 학과인 천문학이나 철학 등을 전공해도 먹고살만한 시스템이 갖춰져 있다는 얘기가 된다. 바꿔 얘기하면 그런 실용적인 면이 오늘날의 실리콘밸리, 더 나아가 지금의 미국을 만들었다고 할 수 있다.

이런 '자퇴' 다음으로 '유대인'이라는 특징이 있다. 떠오르는 신성으로 제2의 빌 게이츠라는 챗GPT의 샘 올트먼, 발명가 에디슨, 20

세기 최고 부자였던 록펠러, 퓰리처상을 만든 조지프 퓰리처, 투자의 귀재 조지 소로스, 전설의 앵커 래리 킹, 영화감독 스티븐 스필버그, 컴퓨터의 천재 빌 게이츠와 스티브 잡스, 페이스북의 마크 저커버그, 구글의 래리 페이지, 아마존의 제프 베조스, 스타벅스의 하워드 슐츠 등 이루 헤아릴 수 없는 어마어마한 인재들이 유대인이다.

도대체 무엇이 이렇게 기라성 같은 스타들을 유대인 그룹에서 탄생시킨 것일까? 그 요인은 구체적으로 무엇일까?

한 가지만 꼽으라면 돈과 책을 대하는 유대인의 접근 방법이다. 책과 돈에 대한 유대인의 격언이 있다.

"돈 빌려주기는 거절해도 좋지만, 책 빌려주기를 거절해서는 안 된다. 만약 책과 돈이 동시에 땅에 떨어져 있다면 먼저 책부터 집어 올려라."

이 격언을 보면 유대인이 얼마나 독서를 중요시하는지 단적으로 알 수 있다. 그들에게 독서는 일종의 신앙인 것이다. 그 결과 세계에서 독서를 가장 많이 하는 민족으로 유대인을 꼽는다.

미국의 중산층인 유대인 가정에서는 3권의 책을 항상 가까이 두고 가정교육의 지침서로 쓴다고 한다. 《성경》,《탈무드》,《나폴레온 힐 성공의 법칙》이 그것이다. 그들은 가정의 책상머리 교육에서부터 이미 어마어마한 인재로 길러지는 것이다.

상투적인 얘기 같지만 독서는 개인을 살리고 민족을 일으킨다. 몇 천 년을 나라 없이 떠돌던 유대인들이 민족 정체성을 잃지 않고 오늘날의 엄청난 위상을 보이는 것은 책을 배제하고서는 설명이 안 된다. 그렇다! 독서하는 민족이어야 세계를 움직이고 책을 읽어야 인재가 된다. 부자가 되는 것은 말할 필요도 없다.

하다못해 누구에게도 조언을 구할 수 없을 때조차도 책을 읽으면 답을 얻을 수 있다. 말하자면 책이 스승이 되고, 친구가 되고, 연인이 되었을 때 미래를 선도하는 인재가 되는 것이다. 멀리서 찾을 것도 없이 현재의 유대인들이 그것을 증명하고 있다.

> "오늘의 나를 있게 한 것은 우리 마을의 도서관이었다. 나에게는 하버드대학교 졸업장보다도 훨씬 소중한 것이 독서하는 습관이다."
>
> – 빌 게이츠

빌 게이츠 얘기가 나왔으니 한 가지만 더 얘기해 보자. 엄청난 부자가 많지만 '세계 최고의 부자'라는 타이틀이 가장 잘 어울리는 사람이 빌 게이츠인 것은 누구나 동의한다.

물론 시대 상황에 따라 약간의 등락은 있겠으나 그냥 부자도 아니고 '세계 최고'라는 수식어가 붙는 부자 타이틀이 빌 게이츠라는 것에 큰 이견이 없는 것이다. 그렇다면 그는 도대체 얼마나 부자인가?

빌 게이츠는 1분에 9백만 원, 시간당 5억 4천만 원, 하루에 129억 6천만 원을 번다고 한다. 하루 16시간을 일하면 1초에 140달러를 버는 것이니 100달러 지폐 정도는 줍는 시간이 더 아까운 셈이다. 말하자면 13만 원(5만 원짜리 2장, 1만 원짜리 3장)이 땅에 떨어져 있어도 무시하고 그냥 지나치는 것이 더 이익이라는 것이다.

또한 100만 달러(약 13억 원)라면 서민들에게는 꿈의 돈인데 빌 게이츠가 매일(매달이 아니다) 100만 달러씩을 쓴다고 하면 대략 218년 정도 걸린다고 한다. 그러니까 빌 게이츠는 대략 3번 정도 다시 태어나서 살아가야 매일 13억 원씩을 쓸 수 있다는 계산이 된다.

사실 와 닿지 않을 정도로 큰돈이라 '나하고는 다른 세상 얘기'라고 할 수도 있겠으나 앞에서 알아본 슈퍼 부자들이 어떻게 돈을 벌었는지 알아서 손해 볼 것은 없지 않을까?

슈퍼 부자들의 80% 이상이 자수성가이기에 더욱 그렇다. 그들이 부자가 되는 데는 대학 전공에도 크게 영향을 받지 않았고, 더구나 대학 졸업과도 무관한 중퇴생들이 더 날리고 있는 상황이지 않은가?

그렇다면 이런 얘기가 된다. 그들이 밑바닥부터 시작했다고 한다면 스타트 라인에 서는 조건이 누구에게나 동일하다는 점이다. 이 책을 읽고 있는 그대를 포함하여 말이다. 다만 '나는 중퇴생이 아닌데 자격이 되는가?'라고 하면 저자도 달리 해법은 없다.

2000년 중후반 스티브 잡스가 인류의 삶에 혁명을 가져왔다. 그 주인공은 바로 아이폰이다. 아이폰의 발명으로 기존 휴대폰이 사라지고 인터넷, 카메라, 휴대폰 등이 결합된 스마트폰 시대가 열린 것이다. 그리고 2021년 메타버스의 열풍이 불었지만 잠시 소강상태에 있는 도중 새로운 용어가 지구촌을 강타했다. 뉴스에 자주 등장하는 핫한 '챗GPT'가 그것이다.

챗GPT는 사용자가 실시간 대화 형태로 검색이 가능한 AI(인공지능) 서비스다. 인공지능 기술이 발달하면서 방대한 데이터 처리 능력을 기초로 어떤 단어를 넣어도 자세하게 설명해준다는 개념이다.

드디어는 기존 검색으로 먹고 살던 구글이나 네이버 등의 포털 사이트가 사라질 위기까지에 이른 것이다. 이런 점을 감안해 볼 때 다음과 같은 평가 역시 무리한 것은 아닌 듯하다.

"챗GPT는 인터넷과 아이폰 이후 지구상 최고의 혁신이고 변혁이라고 평가되고 있으며, 전 세계적으로 뜨거운 관심과 이슈가 되고 있다."

미국 스타트업 기업인 '오픈AI'가 2022년 11월 30일 출시한 후 단 5일 만에 하루 방문이용자가 100만 명을 넘었으며, 그 다음해인 2023년 1월에는 하루 방문이용자가 3천만 명이 넘는 폭발적인 성장을 기록했다. 과히 돌풍이라고 할 수 있는데 그 중심에 38세의 샘 올트먼이 있다.

생성형 인공지능(AI) '챗GPT'를 만든 오픈AI의 공동 창업자인 샘 올트먼은 1985년 미국에서 태어나 스탠퍼드대학교 컴퓨터공학과를 중퇴했다. 시카고 태생으로 어린 시절에 세인트루이스에서 피부과 의사인 어머니, 두 남동생과 살았다고 한다.

유대인 핏줄을 물려받았다는 정도만 빼고 그의 아버지에 대해서는 알려진 게 거의 없다. 재미있게도 그 역시 '신(新) 억만장자의 조건'쯤 되는 대학 중퇴와 유대인이라는 2가지 항목을 충족하고 있다.

샘 올트먼은 어려서부터 될성부른 나무로 평가받았다. 초창기 개인용 컴퓨터(PC) 개발을 선도해 전설적인 컴퓨터 과학자 소리를 듣는 앨런 케이가 2016년 당시 31세이던 한 젊은이를 가리켜 '그는 역사상 가장 위대한 인물이자 문명의 건설자'라고 격찬했다.

7년 후, 그가 치켜세운 이 젊은이가 요즘 세상을 들썩이게 만들고 있는 주인공, 바로 '챗GPT'로 지구촌에 인공지능(AI) 열풍을 몰고 온 오픈AI 공동 창업자 샘 올트먼이다.

그런 평가처럼 그는 앞으로 마크 저커버그나 일론 머스크를 넘어 기술 세계의 차세대 리더가 될 것이라는 기대마저 넘쳐나고 있다.

그는 한국에 대해서는 '소프트웨어와 하드웨어 강점을 모두 갖춘 국가'라면서 '한국 기업과 협업해 AI용 반도체를 개발하는 방안을 탐색하고 있으며, 한국 스타트업에 대한 투자도 확대할 계획'이라고 강조했다. 한국을 신뢰하는 이유에 대해서도 의견을 피력한다.

"미국에서는 새로운 기술이 나오면 첫 반응이 '아, 그렇구나' 정도인데, 한국은 신기술로 어떻게 변화를 이끌어낼지에 관심이 많더군요. AI 발전과 전 세계적 변화에도 한국이 앞장서고 있는 것 같습니다."

평범한 사람이 샘 올트먼 같은 비범한 사람의 말을 모두 받아들이기는 힘들지만, 그의 전망을 유심히 들어보고 예측을 해보는 것도 의미가 있을 것 같다. 예컨대 '우리는 지금 AI시대라는 황금기를 맞았습니다. 활발하게 활동하고 직관을 키우며 발전한 사람에겐 보상이 주어질 것이지만, 무엇보다 중요한 것은 미래에 적응하는 능력이라고 할 수 있습니다'라는 언급은 음미해볼 내용이다.

또한 올트먼은 'AI의 발전 속도는 기하급수적일 것'이라고 전망하면서 '아마도 2030년쯤에는 AI가 불치병 치료, 기후 변화 해결처럼 인류가 당면한 난제들을 해결하는 수준에 도달할 것'이라고 예측하기도 한다. 그렇게만 된다면 인류의 삶이 획기적으로 바뀐다는 의미인데, 얘기한 사람이 '좋은 얘기군' 하면서 무시해 버릴 수 없는 사람이라는 점에서 귀를 기울여야 할 것 같다.

샘 올트먼이 세계가 주목하는 차세대 리더로 떠오르자 그가 2019년 블로그에 작성한 '성공을 위한 13가지 방법'이란 글이 회자되고 있다. 그가 창업자 수천 명을 관찰해 얻은 통찰을 담았다는 것이다.

그는 대부분의 사람들이 직선의 기울기로 경력을 끌어올리지만 멀리 내다보고 자본, 기술, 브랜드, 네트워크를 복합적으로 키워나가다 보면 어느 순간 J자 형태로 솟구치며 기하급수적으로 분출하는 형태의 경력을 만들 수 있다고 했다.

그러면서 일론 머스크를 예로 들며 '망상에 가까울 정도로 자기 자신에 대한 확고한 믿음을 가지라'는 의미로 말하고 있다.

"자신에 대한 믿음을 가지라. 가급적 많은 대화를 나눠라. 독창적으로 생각하는 법을 터득해야 답을 얻을 수 없는 상황에서 무엇을 해야 하는지 알아낼 수 있다."

올트먼은 똑똑하거나 또는 노력하는 것 가운데 하나를 갖추면 90%의 타인을 넘어설 수 있지만, 그를 뛰어넘어 99%보다 앞서려면 둘 다 갖춰야 한다고 강조한다.

또한 그는 인적 네트워크를 갖추는 요령에 대해, 같이 일하는 사람들을 진심으로 아낀다는 평판을 얻어야 한다고 설명한다. 그러면서 타인의 좋은 점을 널리 공유하는 데 인심을 후하게 쓰면 자신에게 10배로 돌아온다고 말한다.

그의 관심사는 폭이 넓어 AI뿐만 아니라 에너지·정치에 이르고 차세대 에너지 기술의 중요성도 강조한다. 올트먼은 2015년 블로그에서 '20세기가 탄소 에너지 시기였다면 22세기는 핵융합 에너지 시대가 될 것으로 확신한다'고 말한다. 미래의 에너지원에 대해 앞서가는 고민을 하고 있는 것이다. 핵융합 발전은 수소 원자핵이 융합하는 과정에서 발생하는 에너지를 전기로 변환하는 방식이다. 이에 주목한 미국 NBC뉴스는 다음과 같이 보도하고 있다.

> "인간이 일을 안 해도 되는 세상을 올트먼이 꿈꾸고 있다. 그런 올트먼식 유토피아를 구현하는 두 핵심 축은 고성능 AI와 저렴한 에너지이다."

사실 승승장구하는 것 같지만 앞으로 올트먼이 넘어야 할 산은 많다. 가령 챗GPT가 인터넷상에서 정보를 가져오는 행위가 절도라는 저작권 논란을 해결해야 한다. 또한 대화형 AI 산업의 수익 모델이 생각보다 신통치 않다는 반응도 있으며 AI가 인류를 위협할 것이라는 근원적 두려움도 장애물이다.

한 사람의 평가는 다면적이 당연하겠지만 올트먼 역시 찬사와 더불어 과대평가되었다는 냉소적 시각도 있다. 근거는 오픈AI가 마이크로소프트(MS)와 파트너십을 늘려가는 걸 보면 MS를 넘어서거나 거대한 독립 기업이 되려는 신호가 아닌 것 같다는 것이다.

그런 이유로 올트먼이 빌 게이츠를 넘어설 수 없으며 단순한 억만장자에 그칠 것이라고 평가하기도 한다. 이런 냉소적인 평가가 적절한지는 모르겠지만 그가 억만장자임은 인정한 것이다.

<샘 올트먼이 꼽은 성공법 13가지>

① 장기적으로 커리어를 J자 형태로 급격히 끌어올릴 수 있어야 한다.

② 성공하는 사람들은 망상에 가까울 만큼 스스로를 신뢰한다.

③ 독창적 사고를 길러야 해결책 없는 상황에서 할 일을 찾는다.

④ 소통 기술을 키워 스스로 믿는 것을 남에게 설득할 수 있어야 한다.

⑤ 안락함의 유혹에 빠지지 말고 위험을 감수할 준비가 필요하다.

⑥ 해야 할 일을 파악한 다음 우선순위를 정해 신속하게 처리하라.

⑦ 99%의 타인을 넘어서려면 똑똑함과 근면함이 둘 다 필요하다.

⑧ 자신의 호기심을 따르며, 하고 싶은 일하기를 두려워 말라.

⑨ 일찍 포기하거나 충분히 밀어붙이지 않아 잠재력에 도달 못한다.

⑩ 다른 사람들과 똑같은 일을 하면 살아남기 어렵다.

⑪ 함께 일하는 이들을 진정으로 아끼고 타인의 좋은 점을 널리 알려라.

⑫ 가치가 급상승하는 사업, 부동산, 자원, 지식 등을 소유해야 부자가 된다.

⑬ 외부의 시선에서 벗어나 스스로를 감동시킬 수 있는 일을 찾고 실행하라.

※ 자료 : '샘 올트먼' 블로그

비행기 공습 속에서
세계 정상에 오른 두 청년

:

"1등을 하려고 발버둥쳐야 1등이 되고, 우승을 하겠다고
몸부림쳐야 우승을 한다. 가만히 있어도 그냥 되는
'당연한 1등'은 없다. 상황을 선택할 수는 없지만
근성과 끈기, 꾸준함은 누구나 배울 수 있다."

-《젊은 부자의 수수께끼 부자는 너처럼 안해》

델 베키오는 밑바닥에서 출발하여 세계 각지에 분산돼 있던 안경 가게를

거대한 안경 산업으로 키운 주인공이다. 그는 따분한 안경 산업을

패션 지향의 사업으로 바꿔놓은 경영자로 평가받는다.

★ ☆ ★ ☆

Have a nice day [8]

오늘은 세르비아의 두 청년 이야기를 해보겠습니다.

그들은 나토군의 공습 폭격 속에서, 옆에서는 폭탄이 터지는 와중에도 치열하게 꿈을 키워간 끝에 드디어 프로 스포츠의 세계 정상에 우뚝 섭니다. 미국 프로농구(NBA) 최정점에 선 니콜라 요키치와 남자 프로 테니스(ATP) 랭킹에서 세계 1인자를 군건히 유지하는 노바크 조코비치가 주인공입니다.

2023년도 NBA 우승 결정전이 6월 13일 서부의 승자 덴버 너기츠와 동부의 승자 마이애미 히트 사이에 열렸습니다. 치열한 승부 끝에 결국 너기츠가 파이널 5차전에서 이기면서 우승을 차지합니다. 양보 없는 승부를 펼친 끝에 너기츠는 창단 56년 만에 첫 NBA 우승 트로피를 들어올릴 수 있었습니다.

먼 나라의 농구 얘기를 하려는 게 아닙니다. 너기츠 우승의 주역이자 MVP인 니콜라 요키치(28·세르비아) 이야기를 하려고 합니다.

코소보 분쟁이 한창이던 1999년, 나토(NATO, 북대서양조약기구)군이

퍼부은 공습으로 약 15만 명의 사상자를 냅니다. 이때 세르비아의 작은 마을 솜보르에는 공습의 폭격 한가운데 4세 먹은 니콜라 요키치가 있었습니다. 어린 요키치는 공습으로 전기가 들어오지 않는 집에서 매일 밤을 지내야 했습니다.

"저는 그때는 어둠에 익숙했었지요. 어릴 때였지만 지금도 사이렌이 울리는 소리와 사람들이 울고 있던 대피소 풍경이 기억납니다."

전쟁이 끝나고 폐허가 된 동네에서 요키치가 할 수 있는 건 농구뿐이었습니다. 그런 아들을 옆에서 유심히 지켜보던 아버지는 아들의 재능이 단순히 취미를 넘어선다는 걸 눈치채고 전폭적으로 지원을 합니다. 17세에 이미 키가 210cm에 육박한 요키치는 세르비아 프로농구 리그에 뛰어듭니다.

그의 활동을 지켜보던 미국 프로농구(NBA) 덴버 너기츠는 농구 불모지인 세르비아에서 자라난 아이의 가능성을 눈여겨보고 NBA 신인 드래프트에서 41번째로 지명합니다. 드디어 20세에 미국으로 건너온 요키치는 서서히 리그에 뿌리를 내립니다.

신인이었던 2015~2016 시즌 가끔 번뜩이는 게 전부인 평범한 선수였지만 4년차였던 2018~2019 시즌에는 NBA 퍼스트팀(베스트 5)에 선정될 만큼 급성장합니다. 큰 키에도 공을 자유자재로 다루고 부드러운 슛 터치에 빈 공간을 정확히 찾는 시야까지 갖추게 됩니다.

마침내 2023년도 NBA 우승 결정전이 열린 날 요키치의 고향 세르비아 솜보르에서는 이날 새벽 4시에 시작한 경기였는데도 축제 속에 열광적인 거리 응원이 펼쳐집니다.

거의 모든 주민이 거리로 나온 그곳에서 NBA 최정점에 우뚝 선 '솜보르의 아이'를 지켜보며 감격의 환호가 터져 나온 것은 너무나 당연했습니다. 요키치 역시 그 감동적인 장면을 보면서 말했습니다.

"늘 걱정하곤 했었어요. 모든 것이 파괴되어 아무것도 없던 그 동네에서 저는 자랐습니다. 그렇지만 미국에 오래 있다 보니 그들이 나를 잊었을 수도 있다고 생각했습니다. 하지만 아니어서 다행이네요. 언젠가 은퇴하면 저 아름다운 곳으로 다시 돌아갈 겁니다."

또 있습니다. 남자 테니스계의 GOAT(Greatest Of All Time, 역대 최고)는 누구일까요? 이런 해묵은 질문에 답은 의외로 간단합니다. 테니스 황금기를 이끄는 3인방을 빗대어 '페·나·조 시대'로 불립니다.

스위스 로저 페더러, 스페인 라파엘 나달, 세르비아 노바크 조코비치 등 3인방입니다. 그들이 메이저 트로피 60개 이상을 싹쓸이하고 있지요. 우아한 플레이로 테니스를 예술의 경지로 승화시켰다고 평가받는 페더러, 감정 표출을 자제하며 세상 모든 공은 다 받아낼 것처럼 뛰어다닌 나달에 비하면 조코비치는 늦게 뛰어들었고 화려한 것과는 거리가 먼 플레이 탓에 팬층 역시 얇습니다.

'테니스 황제' 로저 페더러(스위스)와 '흙신' 라파엘 나달(스페인)에 비해 2010년대 들어 본격적으로 재능을 꽃피운 노바크 조코비치(세르비아)는 GOAT 경쟁에 뒤늦게 끼어든 늦깎이 '3인자'였습니다.

더구나 승부 근성으로 라켓을 내던지고 괴성을 지르면서 어떻게든 이기고야마는 그를 좋아하는 팬은 적었습니다. 고집 센 이 동유럽 남자를 팬들은 크게 사랑하지 않았습니다.

그러나 이제 그보다 세계 1위로 오래 군림한 선수는 아무도 없게 되었습니다. 노바크 조코비치가 테니스 역사상 최장 기간 세계 1위라는 고지에 올랐습니다.

조코비치는 2023년 발표된 남자 프로 테니스(ATP) 세계 랭킹에서 1위를 유지하며 누적 보유 기간을 378주로 늘렸습니다. 드디어 목숨 걸고 테니스하는 이의 '세계 1인자' 시대가 열린 것입니다.

"2023년 프랑스 오픈(롤랑가로스)이 끝났다. 노바크 조코비치가 우승을 했는데 이게 어마어마한 기록이다. 메이저 4개 대회(그랜드슬램)만 23번째 우승을 한 것이다. 그동안 22번 우승을 한 선수가 스페인의 나달과 세르비아의 조코비치 등 두 명이 있었는데, 이번 경기를 이김으로써 조코비치가 한 발 앞선 것이다."

세르비아에 테니스를 무척 좋아했던 한 소년이 있었습니다. 그는 극한 상황, 즉 1990년대 말 코소보 전쟁 당시 나토군의 공습 사이렌을 들으며 물이 빠진 수영장에서 낡아 늘어진 테니스 공으로 연습을 해야 했습니다. 옆에서는 폭탄이 터지고 사람들은 죽어 나갔지만 그는 연습을 멈추지 않았습니다.

세월이 흘러 2019년 7월 영국에서 조코비치와 페더러의 윔블던 테니스 결승이 열렸습니다. 메이저 대회답게 우승 상금이 34억 원이었는데 윔블던 결승 사상 최장이라는 4시간 55분간의 사투 끝에 세르비아의 노바크 조코비치가 우승합니다.

주목할 점은 이때 센터 코트를 가득 채운 1만 5,000명 관중 거의 전부가 결승 상대인 로저 페더러 편이었다는 것입니다. 영국 사람들은 자기네 안방 윔블던에서 8번이나 우승한 매너 좋고 신사도에 넘치는 이 스위스인을 존경하고 사랑했습니다.

이날의 분위기만 보면 마치 페더러는 천사였고 조코비치는 악마였습니다. 출입구 보안요원부터 식당 요리사, 기념품 가게 직원, 화장실 청소부, 택시기사까지 모두가 페더러 팬이었습니다.

"하느님, 제발 로저를 도와주세요. 로저가 꼭 이기게 해주세요!"

모두가 페더러를 위해 기도했고 모두가 그를 응원했습니다. 그러나 절박한 전쟁 와중에 공습 사이렌을 음악 삼아, 계속되는 생명의 위협 속에 물 빠진 수영장에서 연습을 한 이 세르비아 남자(조코비치)에게 만원 관중의 야유나 저주 따위는 별것 아니었습니다.

물론 그 많은 관중의 시선 속에서, 체력의 고갈 속에서 무심할 수 있을 사람은 드물 것입니다. 그렇지만 테니스는 기본적으로 멘탈 게임이며 그런 점에서 조코비치는 영리했습니다. 그의 침착함과 컨트롤은 사람의 경지를 벗어난 듯했습니다.

자기가 결정하지 않고 공을 계속 넘겨만 주고 상대인 페더러가 실수하기만을 기다린 끝에 마침내 승리를 결정지을 찬스가 왔습니다. 경기 후 우승 기자회견에서 조코비치는 담담하게 얘기합니다.

"오늘 관중들이 '로저'를 외치면 나는 '노바크'로 생각하고 경기했습니다. 저를 좋아하는 사람도, 미워하는 분들도 계시지만 그 모든 분들께 최선을 다해 플레이하는 것이 나의 일입니다."

마치 자신의 목숨을 걸고 하는 결투에서 승리한 무사 같은 멘트를 날렸습니다. 그의 우승 세리머니 또한 특이했는데 코트 바닥에 주저앉아 잔디를 뜯어 먹는 모습이 마치 독사를 연상시켰다고 사람들은 표현했습니다. 목숨 걸고 덤비는 이 세르비아 남자에게 만원 관중의 야유나 저주 따위는 달콤한 응원가였던 것입니다.

진정한 프로의 자세를 엿볼 수 있는 대목인데, '풍운아'라는 닉네임처럼 조코비치는 밑바닥에서 시작한 자신의 상황을 회상하듯 "꿈꿔라! 꿈꾸는 것을 두려워하지 마라"라고 말하곤 합니다.

예컨대 2023년 1월 호주 오픈에서 우승한 뒤 노바크 조코비치가 밝힌 소감에서 그는 '꿈'에 대해 열변을 토해냈지요. 자신이 테니스 변방으로 간주되던 세르비아 출신이라는 점을 언급하면서 떨리는 목소리로 말했습니다.

"지금 이 순간을 지켜보고 있을 세계 곳곳의 테니스 꿈나무들에게 이런 말을 전하고 싶다. '꿈꾸는 것을 두려워하지 마라. 너의 꿈을 지지해주고 응원해주는 단 한 사람만 있으면 된다. 어려움이 닥치고 이길 수 없을 것 같은 도전 앞에서 기죽지 마라. 할 수 있다!'"

이렇게 조코비치가 활동하는 테니스계와 NBA 최정점에 선 니콜라 요키치의 농구뿐만 아니라 프로축구 등에서 전통을 깨는 파란 속에 체격과 운동 능력이 뛰어나고 성공에 대한 갈망까지 남다른 동유럽의 기세가 무서운 것은 현실입니다.

사실 공습 사이렌을 들으며 생존이 절박한 상태에서, 변변한 코트를 찾은 것이 사치인 상황에서, 물을 뺀 폐허의 수영장을 코트 삼아 빈약한 장비로 연습을 한 조코비치의 예에서 보듯 동유럽 선수들은 어릴 적부터 테니스 등 스포츠에 인생을 걸지요.

이렇게 상황 자체가 절박하여 어려서부터 목숨 걸고 운동을 해야 하는 동유럽과 달리 왕년의 테니스 강국 미국은 여전히 대학 졸업 후에 프로가 되는 것을 선호합니다. 대학을 나와 22세 정도에 프로로 전향하는 선수들이 10대부터 프로에 뛰어들어 죽기 살기로 목숨 걸고 운동하는 동유럽 선수들과 경쟁이 될 리가 없지요. 그래서 이 말은 정답입니다.

> "1등을 하기 위해 발버둥쳐야 1등이 된다. 가만히 있어도 그냥 되는 '당연한 1등'은 없다. 그것이 스포츠든, 비즈니스든, 사람의 삶이든 마찬가지이다. 성공하겠다, 부자가 되겠다고 끈기와 근성으로 덤비는 사람에게 결과도 주어진다."

조코비치에서 보듯이 극한 상황에서도 황제는 탄생합니다. 그는 주변의 환경에 구애받지 않고 의지와 근성, 꾸준한 연습 끝에 황제가 된 것입니다. 사실 누구나 조코비치가 처했던 상황을 선택할 수는 없을 것입니다. 그렇지만 그의 근성과 끈기, 꾸준함은 누구나 배울 수 있습니다. 하는 일이 무엇이든….

그렇습니다! 너무도 당연하지만 끈기와 근성으로 덤비는 사람만이 원하는 것을 얻습니다. 우승을 하겠다고 몸부림쳐야 우승을 하고, 발버둥쳐야 1등이 되는 것처럼 성공도, 부자도 마찬가지입니다. 하려고 해야 합니다. 그냥 주어지는 '당연한 성공'은 존재하지 않기에 발버둥쳐야 된다는 주장이 의심의 여지가 없는 것입니다.

델 베키오

고아원 소년,
이탈리아 최고 부자가 되다

"나는 14세 때 금속 세공 가게에서 도제 수업을 받고
안경테 부품을 만드는 공방으로 옮겼다.
당시 내가 너무 어렸기에 공방 사람들은
내 이름 '레오나르도'로 부르지 않고 그냥 '어이, 꼬마'라고 불렀다."
– 레오나르도 델 베키오(룩소티카 회장)

안경 하나로 기업을 일으켜 순자산만 241억 달러로 이탈리아에서 2번째, 전 세계적으로 52번째의 부자가 된 레오나르도 델 베키오(Leonardo Del Vecchio)는 고아원(孤兒院)에서 자란 무(無)수저로 사업을 일궜으니 이분 앞에서는 흙수저를 말하면 안 될 것 같다.

레오나르도 델 베키오는 밑바닥에서 출발하여 세계 각지에 영세한 숍(Shop)으로 분산돼 있던 안경 가게를 거대한 안경 산업으로 키운 주인공이다. 그는 따분한 안경 산업을 패션 지향의 사업으로 바꿔놓은 경영자로 평가받는다.

우리가 흔히 알고 있는 외국 브랜드의 안경이 모두 한 회사에서 만

들어지고 있다는 사실을 알고 있는 사람은 많지 않다. 아르마니, 샤넬, 프라다, 베르사체부터 레이벤, 오클리까지 우리가 흔히 알고 있는 브랜드의 선글라스는 모두 이탈리아의 룩소티카(Luxottica)라는 한 회사의 공장 라인에서 생산이 되고 있다.

따지고 보면 모두 같은 제품인데 브랜드만 다른 이름을 붙여서 따로 팔고 있다는 얘기가 된다. 전 세계 안경 브랜드의 80% 이상을 보유한 이 회사는 안경 가격을 쥐락펴락하고 있다. 예컨대 이런 평가가 어색하지 않다.

> "전 세계 인구 80억 명 중 약 26%가 안경이나 렌즈 또는 시력교정 수술을 받을 만큼 눈 시장은 엄청나다. 그런데 안경을 쓰는 사람들 80%는 이 기업의 제품을 사용하는 셈이니 정말 망할래야 망할 수가 없는 기업인 셈이다."

구글이나 아마존이 그들의 분야에서 강력한 지배력을 이룩한 것처럼 안경 산업에서 룩소티카의 지배력은 막강하다. 고급 브랜드이자 이름만 들어도 알만한 명품 안경, 예를 들어 '레이밴', '아르마니', '불가리', '샤넬 앤 브룩스 브라더스'와 같은 브랜드의 안경을 만든다. 또한 자사가 소유한 '펄 비전', '랜즈크래프터스', 그리고 '선글라스 헛'과 같은 소매 안경 체인점을 통해 고급 안경을 판매한다.

지금은 엄청난 회사이나 시작은 60년도 훨씬 전에 델 베키오라는 사람이 이탈리아 아고르도(Agordo)에 있는 자신의 집에서 수공업으로 사업을 시작했다. 그로부터 유럽, 아시아, 미국에 공장을 가진 세계에서 가장 큰 안경 제조업자가 되었고, 그는 이탈리아의 최고 부자들 가운데 한 사람이 된 것이다.

얼마 전 그가 사망했을 때 이탈리아 수상 마리오 드라기(Mario Draghi)는 연설에서 델 베키오 회장을 이렇게 추모했다.

"이탈리아의 기업가 정신 분야에서 지도자적인 인물이며, '위대한 이탈리아인'이라는 수식어로도 부족하며, 그는 아고르도 지역사회와 전국에 혁신의 중심 세계를 들여놨다."

전 세계 안경 시장의 80%를 장악하여 안경값을 쥐락펴락하는 룩소티카는 사실 구멍가게로 시작한다. 어쨌든 변방의 조그만 기업을 이렇게 무시무시한 공룡 기업으로 키워낸 레오나르도 델 베키오 회장의 경영 능력에 놀라움을 넘어 두려움까지 느끼게 한다.

그렇다면 과연 어떻게 이런 괴물 기업이 탄생할 수 있었을까? 과연 델 베키오는 어떤 사람일까?

그는 1935년 이탈리아의 밀라노에서 태어났으나 성장은 고아원에서 해야 했다고 한다. 아버지는 거리에서 채소를 파는 행상이었으나 그가 태어나기 전에 죽었고, 어머니는 이미 다른 4명의 자녀가 있었기 때문에 그를 보살필 수 없어서 고아원으로 보내졌다는 것이다.

고아원에서 벗어난 그는 14세 때 금속 세공 가게에서 도제 수업으로 기술을 배운 후에 안경테 부품을 만드는 공방으로 옮겨 본격적으로 안경 장인의 길을 걷게 된다. 그는 오랜 세월이 흐른 뒤 회사에서 만든 동영상에서 그때를 추억하며 당시를 회고했다.

"나는 당시 가장 막내였다. 그래서 공방 사람들은 나를 '레오나르도'라는 이름으로 부르지 않고 그냥 '어이, 꼬마'라고 부르곤 했다."

드디어 1961년에 그는 이탈리아 북동 방향에 있는 작은 도시 아고르도로 이사, 그곳에 자신의 공방을 열어 안경테에 필요한 부품을 만들기 시작했다. 이곳에서는 사업을 하는 사람에게는 누구에게나 무상으로 토지를 제공하고 있었기에 사업 환경이 좋았다.

그의 회사는 처음에는 안경테에 사용되는 염료와 부품을 만드는 하청업체였다고 한다. 그렇게 10년간 하청업체로서 실력과 노하우를 쌓은 뒤에 1971년 처음 자사 브랜드 안경을 시장에 출시한다. 이때 시장에서 긍정적인 반응을 얻자 하청에서 벗어나 과감하게 모든 공장 라인을 자사 브랜드 안경을 생산하는 데만 사용했다고 한다.

이후 1974년 이탈리아 유통회사인 스카로네를 인수하면서 자신들의 안경을 직접 유통하기에까지 이른다. 드디어 룩소티카는 디자인, 제조, 유통까지 전 과정을 자신들이 직접 운영하면서 빠르게 시장의 트렌드를 파악하고 시의적절하게 신제품을 출시하는 방식으로 인기를 높여나간다. 본격적으로 성장일로를 탄 것이다.

처음 그는 햇병아리 사업체인 룩소티카를 강둑 위에 세웠다고 한다. 그곳은 공장과 함께 자신의 가족을 위한 보금자리가 같이 붙어 있었다고 한다. 그는 초창기에는 강둑 위에 세운 집과 공방에서 오로지 안경테 만드는 일에만 몰입한다.

초창기 자금도, 마케팅력도 변변치 않고 단지 기술만 있었던 그는 자신의 일과를 새벽 3시에 시작하면 하루 종일 안경테와 부자재 만드는 일 이외에는 다른 어떠한 일을 할 시간이 없었다고 한다. 아니, 더 정확하게는 그렇게 일을 해야만 가족을 부양할 수 있었다고 한다.

이때를 회상하며 1991년 큰딸인 마리사 데 베키오(Marisa De Vecchio)는 아버지인 델 베키오가 당시에 얼마나 열심히 일했는지를 증언한다. 물론 아버지에 대한 원망도 있었다.

"단 한 번도 아버지로서 할 수 있는 그 흔한 입맞춤도, 포옹도 해준 적이 없었어요. 아버지는 일만 하는 사람으로 알았어요. 솔직히 당시에 우리는 아버지를 무서워했어요."

열심히 일을 하면서 델 베키오는 자신이 경쟁에서 이길 수 있도록 해준 두 가지의 혁신을 생각해낸다. 부품 생산을 포함한 그 부품으로 완제품 안경을 만들고, 그렇게 만든 안경을 전 세계적인 소매판매 네트워크를 통해 유통하는 거래 구조를 자신이 지배해야 한다고 생각하고 실행에 옮긴다.

또한 전통적인 안경을 패션 브랜드와 결합하는 등 시장을 개척함으로써 안경이 실용적으로나 꼭 필요한 것을 뛰어넘어 구찌 핸드백 혹은 에어 조단 운동화만큼이나 소유할 가치가 있는 패션 액세서리로 바꿔놓았다.

그 일환으로 1998년에 '아르마니'와의 계약을 시작으로 그 뒤 20년에 걸쳐 '랄프 로렌', '샤넬', 그리고 12명의 다른 유명한 디자이너들과의 라이선스(특허) 계약에 서명을 한다. 이를 통해 안경류를 패션으로 높임으로써 그는 어떤 때는 안경 1개당 1,000달러가 넘는 가격을 책정할 수 있었던 것이다.

이렇게 유명 브랜드와 계약하면서 한편으로는 소매 유통망을 통해 고급 패션 안경을 판매함으로써 점차 회사가 성장함에 따라 델 베키오는 기존 경쟁 업체인 '레이밴', '페르솔', '선글라스 헛', '펄 비전', 그리고 '오클리'를 인수한다.

이윽고 그는 1990년에 회사인 룩소티카를 뉴욕 증권거래소에 상장한다. 이는 중소규모의 유럽 회사로서는 이례적인 움직임인데 어쨌든 이로써 한바탕 인수합병에 필요한 자본과 재정을 주주와 공유할 수 있게 된 것이다.

전 세계 안경 산업의 80%를 장악했으니 필연적으로 독과점 문제가 등장하고, 그 결과로 이름 좀 들어본 안경과 선글라스가 비쌀 수밖에 없는 이유가 파생된다.

사실 안경이나 선글라스처럼 마진율이 좋은 게 없다고 한다. 안경 렌즈의 경우 원가보다 100배 이상 비싸게 팔리고 있는 경우가 예사라고 한다. 안경테도 마찬가지인데, 예컨대 이 회사는 우리에게도 친숙한 레이밴이라는 대중적인 선글라스 브랜드를 인수한 후 가격을 평균 7배나 인상시키는 엄청난 일을 자행하기도 했다.

더 구체적으로 미국 안경 시장을 통해 안경이 비싼 이유를 알아보자. 잘 알려진 것처럼 미국 성인의 절반은 안경을 쓴다. 그런데 미국 시장은 룩소티카라는 이탈리아 기업이 독점하고 있는 구조이다.

예컨대 랜즈크래프터스, 펄 비전, 레이밴, 오클리는 물론이며 샤넬이나 프라다와 같은 명품 안경의 안경테와 선글라스의 판매 라이선스를 가지고 있다. 놀라운 건 여기서 끝이 아니다.

룩소티카는 미국에서 안과 의료보험 2위 업체인 아이메드 비전 케어(Eyemed Vision Care)까지 사들여 자회사로 등록, 안경 회사가 눈 보험 시장까지 장악한 것이다. 정말 눈과 관련해서는 하나부터 열까지 모두를 소유하려는 열망이 보이는 대목이다.

이런 식으로 룩소티카는 눈에 관한한 디자인, 제조, 유통에 이르기까지 완벽한 수직계열화를 만들었고, 그 결과 가격 결정권을 가지게 되고 안경값이 치솟는 것이다.

앞에서도 얘기한 것처럼 레이밴의 경우에 19.99달러에 판매되는 대중적인 안경이었으나 1999년에 룩소티카가 인수하고 나서 150달러로 판매가를 무려 7배나 올린다. 처음 독과점을 바라보며 했던 〈가디언(The Guardian)〉지의 언급이 무색할 지경이다.

"그 (합병한) 새로운 회사는 기술적으로 독점이 되지 않을 것이다. 안경이 등장한 이후 7세기 동안 그런 회사는 없었다."

델 베키오의 야망을 보여주는 상징적인 사건이 있다. 그는 2004년 70세에 은퇴를 선언했으나 10년 후인 80세에 다시 경영 현장에 뛰어든다. 그리고 여세를 몰아 프랑스 기업을 합병하면서 생애 가장 큰 거래를 성사시킨다.

2017년 83세인 그는 자신의 회사와 전 세계 맞춤 안경의 절반을 만들었던 프랑스 회사 '에실로(Essilor)'사와의 합병을 발표했다. 그리고 32%의 주식으로 '에실로 룩소티카'의 회장에 취임한다.

합병을 하기 전에도 룩소티카의 시장 지배력은 강력했었는데 거의 천하 통일을 한 셈이다. 이런 룩소티카를 바라보는 작은 경쟁사들로서는 그 거대한 대기업의 무풍지대 진격은 악몽일 것이다.

어쨌든 룩소티카와 델 베키오의 다음과 같은 목표가 성사되는 데 크게 장애물은 없을 것 같다.

"우리의 목표는 2050년이 오기 전에 이 세상에서 좋지 않은 시력을 근절하고자 하는 것이다. 지금 하는 모든 활동은 이런 우리의 야망을 향한 또 다른 발걸음이다."

이런 델 베키오의 사례를 보면 비즈니스에서는 '타이밍과 방향성'이 얼마나 중요한지를 알 수 있다. 꼭 비즈니스만 그런 것도 아니다. 예컨대 골프에서 샷을 한 다음 골퍼들은 그 공의 운명을 바로 알 수 있다. 공을 맞히는 순간 어디로 갈지 감각적으로 알 수 있기 때문이다.

같은 논리로 야구에서도 좋은 타자는 투수의 공을 방망이로 치는 순간 이미 이 타구가 홈런이 될지, 외야 플라이가 될지 알 수 있다고 한다. 그것은 방망이로 공을 때리는 타이밍이 제대로 맞았는지, 아니면 놓쳤는지를 감각으로 알 수 있기 때문이다.

타자가 공을 치는 타자석에서부터 홈런을 만드는 담장까지의 거리는 보통 100~120m 정도이다. 타이밍에 맞추어 공을 잘 때려 큰 타구를 날리면 홈런이라는 영광을 얻지만, 타이밍이 아주 조금만 어긋날 경우에는 담장 끝에서 수비수에게 공이 잡혀 외야 플라이 아웃이 되기도 한다.

결국 그 작은 타이밍을 잡느냐 놓치느냐에 따라 홈런과 아웃이라는 엄청난 차이의 결과를 낳게 된다.

이렇게 어떤 일이든 타이밍을 맞추는 것도 중요하지만 방향성도 그에 못지않게 아주 중요하다. 타이밍이 제대로 맞았어도 방향이 맞지 않으면 애써 저 멀리까지 날려 보낸 타구라도 그저 아무 도움이 안 되는 파울볼이 되고 마는 것이다. 이런 얘기가 된다.

> "타이밍과 방향이 정확하게 맞을 때 비로소 점수도 내고 승리를 거둘 수 있다. 세상 모든 일은 때가 있기에 그 타이밍을 잘 맞추고, 제대로 된 방향인지도 살피는 것이 경영의 요체이다."

이처럼 이런 부분은 스포츠에만 해당되는 것이 아니다. 가령 갑작스럽게 비가 오는 날 우산을 팔면 잘 팔 수 있을 것이다. 하지만 판매 방향을 제대로 잡지 못해 비가 내린다고 지하철역 앞에서 수십만 원짜리 명품 우산을 팔고 있으면 거의 팔 수 없을 것이다.

이렇듯 삶의 목적을 정할 때도 올바른 때에 올바른 방향을 고려해야 성공이라는 과실을 제대로 획득할 수 있다. 그렇기에 대문호 레오 톨스토이는 '길을 걸어가려면 자기가 어디로 걸어가는지 알아야 한다'고 특히 방향성에 대해 강조한다. 결국 델 베키오의 엄청난 성공 요인으로 '타이밍과 방향성'을 제외하고는 설명이 안 된다.

고아원에서부터 출발하여 이탈리아 최고의 부자가 된 델 베키오 못지않은 어려운 환경에서 시작해 엄청난 부자가 된 사람이 있다. 그는 사생아로 태어나 밑바닥에서 출발하여 세계 1~2위를 다투는 성공을 거둔 아마존의 제프 베조스(Jeffrey P. Bezos) 회장이다.

그는 어떤 길을 걸었을까? 그는 늘 이런 말을 하곤 했다.

"오해받는 것이 두려우면 새로운 일을 시도하지 마라. 새로운 일은 항상 저항이 있다. 그러므로 무엇인가를 발명하고 싶다면 아주 오랫동안 사람들에게 이해받지 못할 것도 감수해야 한다."

제프 베조스는 1964년 1월 12일 미국 남부의 뉴멕시코주에서 (거의) 사생아로 태어났으며, 17세가 되어서야 자신의 출생에 얽힌 비밀을 알게 되었다고 한다. 그의 어머니는 베조스를 임신한 상태에서 의붓아버지를 만나 가정을 꾸렸고, 그대로 베조스를 낳았던 것이다.

이런 출생의 비밀로부터 그가 평소에 "기존과 다르고 새로운 것들을 시작하게 되면 항상 오해를 받는다. 이런 종류의 오해와 비난을 감수할 자신이 없다면 무엇이든 새로운 것을 시도해선 안 된다"라고 강조한 말이 이해도 된다.

그런 이유인지 그의 말에는 유독 '편견에 도전해야 한다'는 언급이 많다. 아마도 출생의 비밀로 인해 새로운 발상을 하고 그 발상을 행동으로 옮겨 성공을 거두기까지 베조스가 얼마나 많은 오해와 편견, 그리고 질시에 시달렸겠는가를 짐작해 볼 수 있는 대목이다.

제프 베조스 회장이 주변의 질시와 역경을 딛고 아마존을 통하여 세상을 바꾸었듯 큰 꿈을 이루기까지는 많은 노력과 땀을 흘려야 한다. 어찌 보면 세상 사람들의 비웃음을 '노바크 조코비치'처럼 오히려 자기를 '격려'하는 것이라고 소화해내는 것이 필요하다.

델 베키오나 제프 베조스의 사례에서 배워야 할 덕목이 이 부분이다. 숱한 오해와 비난은 참고 견뎌냈을 때 웅대한 기상과 포부가 이루어지는 것이다. 그런 과정을 잘 헤쳐 나가면 흔히 말하는 흙수저 역시 꿈꾸는 것을 이루어낼 수 있는 것이다.

이 장의 파란만장한 주인공들의 스토리를 읽다 보면 꼭 '극한 상황에 처해야 성공을 한다는 것인가?'라는 의문이 들 수 있겠다. 혹시 하는 마음에 다음 얘기를 덧붙인다.

"델 베키오처럼 고아원에서부터 출발해야 엄청난 부자가 되고, 제프 베조스처럼 사생아로 태어나 밑바닥에서부터 출발해야 세계적인 부자가 될 수 있다고 강조하는 것이 아니다. 그런 환경은 선택할 수는 없지만 그들이 어떻게 했는가를 배워 지금보다 더 부자가 되는 데에 누구도 불만은 없을 것이다."

실제 해보지 않고,
될지 안 될지 어떻게 알아?

:

"네옴시티. 우리는 세상 어딘가에 있는 것을 모방하는 것이 아니라

과거에 누구도 하지 않았던 방식을 진화하고 창조해 나가고 있는 중이죠.

불가능해 보이는 꿈을 꾸고 그것에 도전하려고 합니다."

- 빈 살만(사우디아라비아 왕세자)

회사를 세운 이래 지켜온 미키모토 고키치의 고객 관리 방침은

'끝까지 책임지는 서비스'로 압축된다.

한 번 제품을 구입한 고객이라면

평생 동안 사후 관리를 받을 수 있다는 의미이다.

Have a nice day [9]

오늘은 꿈이 현실이 되는 얘기를 해볼까요.

처음에는 뻥치는 얘기, 구라 같은 얘기였지만 현실이 되는 환상적인 이야기입니다. 특히 젊은 학생들이 솔깃하게 관심이 있을 내용인데, 사실 황당무계한 과장이나 말도 안 되는 구라치는 이야기가 실현되는 것은 정말 멋진 일이지요.

세계 최고 부자 중 한 명인 아마존 설립자 제프 베조스. 잘 알려진 대로 자수성가 부자인 그는 자신이 아마존을 시작하고, 최고의 부자가 되고, 글로벌 유통 및 콘텐츠 산업을 근본부터 혁신한 계기는 아폴로 11호의 달 착륙에 있다고 말하지요.

베조스는 5세 때 TV에서 인간이 달에 착륙하는 장면을 보고 꿈을 키워왔다고 토로하고 있는데, 실제로 그의 개인 홈페이지 메인 화면에는 1962년 존 F. 케네디 대통령이 라이스대학교에서 했던 그 유명한 연설이 실려 있습니다.

"우리는 달에 가기로 했습니다. 1960년대가 저물기 전에 달에 사람을 보내겠습니다. 그것이 쉬운 일이 아니라 어려운 일이기 때문에 우리는 도전하려고 합니다."

케네디 대통령은 "달에 가기로 했는데 그것은 쉬워서가 아니라 어려운 일이기 때문입니다"라고 말합니다.

그러면서 "이 목표가 우리의 에너지와 기술 수준을 정비하고 그 한도를 측정할 기회이기 때문에 우리가 기꺼이 받아들여야 할 도전이고, 뒤로 미루기 쉬운 도전이며, 우리는 물론 다른 이들도 성공하고자 하는 도전이기 때문에 다음 10년이 시작되기 전에 달에 가기로 했습니다"라고 당시에는 실현 불가능할 것 같은 선언을 합니다.

운명의 그날(1962년 9월 12일) 케네디 대통령이 라이스대학교 연설에서 내놓은 '혁신이 목표라면 근본부터 생각이 달라져야 한다'는 메시지는 인류 역사를 근본적으로 바꾼 계기가 됩니다.

케네디 대통령은 그 전인 1961년 5월 21일 국회에서 동일한 목표를 연설했는데, 원문은 이렇습니다.

"We choose to go to the moon in this decade and do the other things, not because they are easy but because they are hard."
("우리는 1970년대가 오기 전에 달에 갈 것이며, 또 다른 탐사 임무를 찾을 것입니다. 이 일이 쉬워서가 아니라 어려운 일이라는 점을 알기 때문입니다.")

사람을 달에 보내겠다고 공개 천명한 케네디 대통령은 달을 선택한 이유를 "가기 쉬운 곳이 아니라 어려운 곳이기 때문"이라고 분명히 말했습니다. 그로부터 몇 년 뒤인 1969년 7월 20일, 케네디 대통령의 연설은 현실이 됩니다.

지구촌의 수십억 인류는 달에 발을 딛는 아폴로 11호 닐 암스트롱의 모습을 텔레비전으로 지켜봅니다. 인류의 활동 영역을 지구를 벗어나 다른 천체로 확장한 암스트롱의 첫걸음은 세계인들의 가슴을 뛰게 하기에 충분했습니다.

도저히 있을 수 없는, 실현될 수 없는 꿈 같은 일, 그 연설을 들은 많은 사람들이 '무슨 뚱딴지 같은 얘기', '제정신 가진 사람 맞아?'라면서 뜬구름 같은 얘기로 치부했지만 눈앞의 현실로 등장합니다.

그러면 혹시 무함마드 빈 살만을 아십니까? 자기가 맘먹은 것은 무엇이든 할 수 있다는 막강한 인물이라는 뜻의 '미스터 에브리싱(Mr. Everything)'으로 불리는 절대 권력자로 사우디아라비아 왕세자지요.

엄청난 부자로 재산이 적게는 1,400조 원에서 많게는 2,800조 원으로 알려지고 있지요. 부자의 대명사로 한국 사람들이 잘 아는 만수르의 10배쯤 되는 재산을 가졌다니 입이 다물어지지 않지요.

그가 미스터 에브리싱에 걸맞는 행동을 보인 것이 2023년 우리나라를 다녀갔을 때로 바로 증명되었습니다.

1박 2일 한국 일정에서 40조 원의 돈 보따리를 풀고 갔다고 하는

데 세계 1위의 부자답게 오기 전부터 요란했지요.

방한한 왕세자 일행이 머문 소공동 롯데호텔 Exective Tower(신관) 32층의 로열 스위트룸은 하루 저녁 숙박비만 2,200만 원이라고 하는데, 이 방을 포함 호텔의 400객실을 완판시키고 사방을 방탄유리로 깔게 했으며, 비품, 즉 자기 침대와 소파까지 전용 비행기로 사우디아라비아 왕실에서 공수했다고 하네요.

저는 이런 흥미로운 가십이 아니라 그가 구상하고 착착 진행하고 있다는 '네옴시티(Neom City)'에 관심이 큽니다. 이것은 홍해와 인접한 사막에 무려 서울의 44배 크기로 스마트 도시를 짓는다는 초대형 프로젝트입니다.

깜짝 놀랄 발표인데 빈 살만 왕세자는 이미 지난 2017년 10월 요르단, 이집트 국경과 가까운 사우디아라비아 북서부 미개발 지역에 메가 신도시를 구축하겠다고 발표를 합니다. 그러면서 프로젝트 이름을 아랍어와 영어를 조합해 만든 '새로운 미래(NEO-Mustaqbal)'에서 따와 '네옴(Neom)'이라 명명한 바 있지요.

구체적으로 네옴은 사우디아라비아가 계획 중인 신도시로서 사우디아라비아 북서쪽에 위치한 계획형 도시로 개발하는데 사업비는 5,000억 달러(약 564조 원)라고 하나 건설업계에서는 최종 완공까지 1조 달러 이상(약 1,420조 원)이 들 것으로 보고 있더군요.

이곳은 2025년 인구 100만 명을 목표로 1차 공사를 마친다고 하는데 도시의 최종 완공은 2030년이라고 하네요. 이때까지 900만 명의 인구를 끌어들이겠다는 게 사우디아라비아의 계획이라고 하니 규모 자체가 어마어마하고 입이 딱 벌어지지요.

이 프로젝트는 정리하자면 현대판 피라미드 건설에 비유할 수 있고, 완성이 되면 빈 살만은 '현대의 파라오'가 되는 셈이지요.

네옴시티를 조금만 더 살펴보면 주요 프로젝트로는 길이 170km에 달하는 자급자족형 직선 도시 '더 라인(The Line)', 바다 위에 떠 있는 팔각형 첨단 산업단지 '옥사곤(Oxagon)', 대규모 친환경 산악 관광단지 '트로제나(Trojena)' 등이 있지요.

건물 또한 빠질 수 없지요. 높이 500m에 세계 최대 너비를 가진 쌍둥이 빌딩도 들어설 계획이라고 하는군요. 어마어마하고 인간의 상상력이 어디까지 진화하는지를 보여주는 것 같습니다.

이런 사상 유례없는 글로벌 프로젝트에 '안티'가 없을 수 없지요. 앞의 '달에 간다'는 케네디 대통령의 사례처럼 해외 언론을 보면 네옴시티의 실현 가능성을 비관적으로 보기도 하더군요.

2023년 7월 네옴시티 설계안이 공개되자 미국의 〈워싱턴포스트〉는 '호화로운 초고층 빌딩에 푸른 정원이 펼쳐진 이 지상낙원에는 대기오염 대신 녹지와 편의시설, 초고속 대중교통이 있다'고 하면서도 '다만 (이 지상낙원은) 홍보용 영상으로만 존재하고 실제로 갈 수는 없다'고 비꼬고 있더군요.

유명한 블룸버그 통신도 안티에 가세했네요.

'빈 살만 왕세자가 개발하는 미래 도시는 공상과학소설의 어떤 도시보다 화려하고 매력적'이라고 하면서도 '네옴시티가 완성된다면 수십억 달러의 오일머니를 건설에 쏟아부은 사우디아라비아의 경제 전망은 정말로 암울할 것'이라고 평가하고 있네요.

우리나라 사람들의 평가도 박하기는 마찬가지군요. 아니, 오히려 훨씬 심하네요. 빈 살만이 우리나라를 방문하고 네옴시티가 알려지면서 온갖 비아냥이 쏟아졌지요.

> "'돈 X랄 하고 자빠졌네', '지 돈 가지고 또라이 짓한다는데 누가 말려요', '구라를 쳐도 적당히 쳐라', '만약 그대로 되면 내 손에 장을 지진다', '생긴 것도 어벙하게 생겨가지고…' 기타 등등…."

빈 살만이 '또라이'에 '돈 X랄' 같은 비난을 왜 들어야 하는지, 더구나 '어벙하게 생긴 것'까지 왜 얘기하는지는 모르겠으나, 진짜 중요한 것은 또라이들이 인류를 발전시킨다는 것입니다. 그 'X랄 하고 자빠진' 사람들 덕에 역사는 발전해 왔지요.

1,000번을 실패하고도 포기하지 않은 또라이 '에디슨'이 없었으면 오늘날 우리는 전구 없는 암흑에 살고 있을 것이고, 청바지에 운동화 신고 프리젠테이션을 하며 '테스 형(소크라테스)과 점심 한 끼에 전

재산을 내놓겠다'고 한 다른 또라이 스티브 잡스가 없었으면 우리는 지금도 스마트폰 없는 세상을 살고 있을지도 모릅니다.

또 있습니다. '달나라에 가겠다'는 케네디 대통령의 황당한 뻥과 구라가 없었으면 인류는 아직도 지구 밖으로 나갈 꿈도 꾸지 못했을 것입니다. 더구나 그 구라를 홈페이지 메인 화면에 실어놓고 매일 이미지네이션했던 제프 베조스 같은 세계적인 부자의 탄생은 대통령의 뻥 덕이지요. 그의 'X랄 하고 자빠진' 행동은 결국 엄청난 부(富)로 보답을 한 것이지요.

꿈이 크고 야심만만한 빈 살만 왕세자는 Alarabiya new 인터뷰에서 사우디아라비아가 갈수록 두바이나 미국에 가까워지는 것 같다는 기자의 질문에 이렇게 답합니다.

"우리는 두바이처럼 되거나 미국처럼 되려고 시도하지 않습니다. 우리는 경제적인 자산, 국민의 잠재력, 사우디아라비아 문화와 바탕 등 우리가 가지고 있는 것을 살려 이를 진화하려고 노력하는 중이며, 그런 방식으로 창조하려고 노력합니다. 누구를 모방하는 것이 아니라 누구도 하지 않았던 방식으로 진화하고 창조해 나가려 하는 중이지요."

그렇습니다! 인류의 삶을 바꾼 사람들은 불가능해 보이는 꿈을 꾸고 그것에 도전한 사람들입니다. 처음에는 '맛이 갔다', '미친놈, 또라이', '구라(뻥)도 작작 쳐라' 등등의 소리를 들으면서요.

중요한 것은 이 부분입니다. 즉, 꿈을 꾼다고 다 성공하는 것은 아니겠지만, 꿈을 꾸지 않고 성공한 이들은 없다는 점입니다.

'달에 간다'와 같이 네옴시티 같은 프로젝트도 처음에는 무슨 미래 공상과학 도시의 조감도 정도로 치부하면서 참 멋지다고 생각할 수도 있지만, 그 황당해 보이는 계획에 어떤 의미나 가치를 부여하는 순간 그것은 현실이 될 수 있습니다.

"부자 되는 것, 성공하는 것, 백만장자의 꿈도 접근 원리는 같습니다. 세상 모든 일은 꿈꾸는 사람이 만들어내는 것입니다."

그렇습니다! 수백 년을 이어온 '연금술'의 원리가 그것을 증명합니다. 과거처럼 철이나 납덩어리를 금으로 만들겠다는 것은 이루어지지 않았어도 그 대상만 다를 뿐 현대에도 계속되고 있지요.

물론 꼭 돈을 많이 벌고 부자가 되어야만 성공을 하는 것은 아닙니다. 우승 트로피도 훌륭하고, 이웃과 주변에 관심을 기울이면서 우리가 사는 공동체를 선한 방향으로 이끄는 분들도 많습니다.

그러나 어떤 경우에도 꿈꾸는 것으로부터 출발해야 합니다. 그 꿈이 자양분이 되어 자신이 원하는 방향으로 나아갈 수 있는 것입니다.

미키모토 고키치
진주 양식 성공이라는 '신 연금술'로 세계를 장악하다

"인공 진주 양식으로 특허를 획득했는데
이는 인류 역사상 생명에 대한 최초의 특허로 인정받은 것이다.
세계는 나의 연금술에 경악했다. 결코 있을 수 없는 일이 실제로 일어났으며
당연히 이를 대하는 기득권의 벽은 견고했다."
— 미키모토 고키치(미키모토 창업자)

1893년 세계 최초로 진주 양식이 성공했다. 오랫동안 '불가능'이라고 했던 하나의 가설이 깨진 것이다. 미키모토 고키치(御木本幸吉)라는 일본인에 의해 수백 년 동안 사람을 들끓게 했던, 인류의 욕망이라는 '연금술'이 실제로 완성된 것이다.

전설적인 진주왕으로 불리는 미키모토에게는 큰 성공이었지만 모래와 사막, 뜨거운 열기 속에서도 오직 천연 진주조개잡이로 살아가던 페르시아만의 작은 나라들은 주력산업이 무너질 지경에 처했다. 그러나 아이러니하게도 그 진주 양식의 성공으로 인해 역사는 다시 한 번 반전을 겪는다. 산유국의 등장이다.

진주(眞珠)는 살아 있는 생물에서만 얻을 수 있는 유일한 보석이다. 조개의 체내에 탄산칼슘(CaCO₃) 성분이 구슬 모양으로 형성된 결정체인데 0.5마이크로미터 정도의 탄산칼슘 결정 구조가 1,000겹 정도 쌓여야 '천사의 눈물'인 진주가 생성된다고 한다. 이렇게 조개 안에 유입된 이물질을 진주질로 둘러싸는 조개의 생체 방어작용으로 얻어지는 결과물이 바로 진주이다.

진주는 은은하면서도 우아한 빛깔의 광택 때문에 고대부터 보석으로 사랑을 받아왔다. 오직 바다에서 서식하는 조개로부터 자연적으로 채취하던 것을 일본인 미키모토가 진주조개에서 원형 진주를 양식하는 데 성공하면서 대량 생산이 가능해진 것이다.

역사 기록에 따르면 스리랑카(실론), 페르시아만에서 고대로부터 진주가 생산되었다고 전해진다. 마르코 폴로는 인도 남서부의 말라바르(Malabar) 왕국에서 왕을 만났는데, 그 왕의 장신구에 값비싼 104개의 진주와 홍옥으로 만들어진 묵주가 있었다고 전하고 있다.

어쨌든 서양이든, 동양이든 진주는 자연에서 채취하는 것이지 인공으로 양식이 가능하다는 생각을 못했다. 물론 많은 시도는 했지만 그것은 흔한 금속으로 황금을 만든다는 '연금술'의 수준을 벗어나지 못하는 상태였다. 그런 진주 생산의 중심지는 19세기까지 페르시아만의 아라비아 토후국이었다.

쿠웨이트와 아랍에미리트(UAE) 해안은 진주조개잡이가 성행했고

이 지역 수출의 75% 정도를 차지했다. 하지만 인공 진주가 등장하면서 페르시아만의 진주조개잡이는 사라지기 시작했다. 일본인에 의해 진주 인공재배가 성공했기 때문이다. 똑같은 품질이라면 당연히 채취가 어려운 자연산 진주가 폭락할 수밖에 없는 것이다.

"진주 양식이 성공하자 누구보다 다급해진 것은 쿠웨이트와 UAE 등 아라비아 토후국이었다. 가진 것이라고는 사막과 해안뿐인 조그만 토후국들은 주력 산업인 천연 진주 수출이 급감하고 사업자들은 줄도산을 당해야 했다."

이렇게 일본의 진주 양식 성공과 쿠웨이트의 석유 개발의 역사는 동전의 양면처럼 원인과 결과가 같다. 일본의 진주 양식 성공으로 외화벌이 수단이던 천연 진주가 설 자리를 잃었기 때문에 쿠웨이트 경제는 거덜날 뻔했던 것이다. 바로 1930년대의 일이다.

미키모토의 큰 성공 뒤에는 아라비아 토후국은 주력 산업이 무너져 내렸고, 주력 산업인 천연 진주 수출이 급감하면서 사업자들은 줄도산을 당해야 했다. 해안에 즐비하던 진주조개잡이 배는 방치되고 잠수부는 유목생활로 돌아가야만 했다. 그런 절박한 상황에서 쿠웨이트와 UAE를 살린 것이 석유였다.

진주조개의 대안으로 택한 게 자원 개발이었는데 5년여 탐사 끝에 1938년 2월 말 버간 유전이 터지고 위기도 날아갔다. 말하자면 일본산 양식 진주가 석유 개발을 자극한 셈이다. 쿠웨이트에선 1938년에, UAE의 아부다비에선 1950년에 석유가 터졌다. 이들은 진주를 잃었으나 진주보다 더 고귀한 석유라는 자원을 얻게 되었다.

미키모토 고키치는 일본 기업의 장기 분야인 자동차나 전자가 아닌 약점 분야라고 할 수 있는 보석 산업에 투신하여 양식 진주 산업을 일구어낸 장본인이자 경영자로 존경받는 인물이다.

역사는 19세기 말엽으로 거슬러 올라간다. 창업자 미키모토 고키치는 당시 미에현 도바시의 특산품이던 진주조개가 멸종될 위기에 처하자 보석으로서 진주가 가진 시장성에 주목해 양식법을 연구하기 시작했다. 외딴 섬에 들어가 연구를 거듭한 끝에 드디어 4년 후 결실을 맺는다.

"미키모토가 진주 양식에 성공한 섬은 일본 중부 미에현의 오지마(相島)였지만 후일 미키모토 진주섬(御木本眞珠島)으로 이름이 바뀌게 된 것만 봐도 일본인들의 그에 대한 존경심을 엿볼 수 있다."

미키모토는 1858년 가난한 우동집 장남으로 태어나 고생 끝에 자신의 쌀가게를 마련했으나 문제는 진주에 꽂혔다는 것이다. 그는 어렵게 마련한 쌀가게를 처분하여 진주를 양식해보겠다는 생각으로 외딴 섬에 들어가 연구에 전념한다.

그가 진주 양식에 나선 것은 32세 무렵으로 4년여 만인 1893년에 반원형 진주를 만들어내며 세상에 선을 보인다. 그 후 몇 년 뒤인 1905년에는 불가능하다던 원형 진주까지 양식에 성공하면서 세계 최초로 특허까지 획득한다. 그는 진주로 인류 역사상 생명에 대한 최초의 특허로 인정받은 것이다.

세계는 미키모토의 연금술에 경악했다. 결코 있을 수 없는 일이 실제로 일어났으며 당연히 그를 대하는 기득권의 벽은 견고했다. 그런 기득권의 반격은 보석의 대량 생산을 인정할 수 없다는 논란으로 현실화되었다. 런던과 파리의 보석상들은 교묘한 모조품이라며 양식 진주를 오랫동안 배격했다.

그런 불신과 기득권의 벽은 철저한 품질 관리로 인해 서서히 무너졌다. 불량품 관리에 대해 그는 지나치리만치 엄격했다. 생산량의 90%를 불태워버리더라도 고급화 전략을 추진했다.

그 후 천연 진주와 양식 진주는 동일하다는 학계의 연구가 잇달았으며, 그 인공 진주 덕에 일본은 진주 수출 대국으로 떠올랐다. 왕족이나 부자의 전유물이던 진주는 이제 만인의 보석이 되었다.

1893년 세계 최초로 진주 양식에 성공한 그는 1899년 도쿄 긴자에 첫 매장을 열었고, 1913년에는 영국 런던을 시작으로 미국 뉴욕과 프랑스 파리 등 세계 패션 격전지에 잇따라 진출했다.

아무리 세계 최초로 진주 양식에 성공했다고는 하나 미키모토가 100년 넘게 고급 진주의 대명사로 불리는 비결은 무엇일까?

그것은 끊임없는 품질 관리와 진주 연구가 핵심 요소이다. 상투적인 대답 같지만 다음과 같은 설명이 오히려 더 설득력이 있다.

"사실 (진주 양식법의) 특허 기간은 이미 끝났다. 그러므로 미키모토만의 특별한 기술이 있다기보다는 등급이 낮은 진주는 출하하지 않는 등 일본산 진주에 대한 이름값과 신뢰도를 높이려고 노력한 점을 (고객들에게) 인정받은 것 같다."

현재 전 세계 진주 거래의 99%가 양식 진주다. 여러 가지 이유도 있겠으나 사실 사람들이 고생해서 바다에 들어가 몇 개 안 되는 자연산 진주를 잡으려고 하지 않는다. 그 결과 양식 진주가 대세이며 현재 세계 최대 양식 생산국은 중국이고 일본은 고급화 전략으로 중국의 양적 도전에 대응하고 있다. 그렇다면 미키모토가 오랜 기간 정상에 군림할 수 있었던 요인은 무엇일까?

첫째, 고급 진주 브랜드라는 이미지를 유지한다.

고객들이 이 회사에 변함없는 애정을 보이는 것은 품질 관리라는 핵심에 있다. 양식된 진주 중 상위 5%에 해당하는 상등품만 취급하고, 보석 사업이 궤도에 오른 후에도 미키모토만의 그런 품질 기준을 고수한다는 것이다. 그러면서 판매하는 진주 수량을 어느 정도 일정하게 유지하는 원칙을 지킨다. 이런 경영 방침을 통해 100년 넘게 고급 진주 브랜드라는 이미지를 유지할 수 있었다.

둘째, 진주 양식에 대한 끊임없는 연구이다.

미키모토는 산하 연구소에서 진주조개 품종은 물론이고 조개껍데기의 두께, 진주의 품질에 영향을 미칠 만한 양식장 생육 환경 등 다양한 요소를 연구한다고 한다. 대표적인 성과 중 하나가 '카이링가루(貝リンガル) 시스템'인데 이는 조개를 뜻하는 일본어 '카이(貝)'에 '이중 언어'란 의미인 영단어 바이링구얼(bilingual)을 합성한 단어이다.

부연 설명하면 이는 진주를 만드는 진주조개의 반응에서 적조와 같은 바다의 이상 현상을 읽어 해석하는 IT시스템이다. 물이 깨끗하면 조개들이 일정한 간격으로 껍데기를 여닫으며 호흡하지만 수중에 플랑크톤이 증가해 산소가 부족해지면 빠르고 불규칙하게 숨을 쉰다. 이런 사실에 착안해 조개껍데기에 부착한 센서로 양식장 수질을 상시 점검한다는 것이다.

셋째, 한 번 고객이 되면 평생 서비스를 제공한다.

회사를 세운 이래 지켜온 미키모토의 고객 관리 방침은 '끝까지 책임지는 서비스'로 압축된다. 예컨대 한 번 제품을 구입한 고객이라면 평생 동안 사후 관리를 받을 수 있다는 의미이다. 모든 제품의 뒷면이나 이음매에 브랜드명이나 알파벳 첫자인 M이 새겨져 있어 전 세계 어느 지점에서든 수리를 맡길 수 있는 시스템을 자랑한다.

"유럽에는 미키모토보다 유명한 보석 브랜드가 많지만 우리는 한 번 구매한 고객에게 끝까지 여러 가지 사후 관리 서비스를 제공한다는 점에서 차별화된다고 할 수 있다."

이 회사가 유독 강조하는 것을 보면 이 부분을 자랑하고자 하는 것 같다. 물론 여러 가지 요인이 있겠으나 사후 관리에 철저하다는 것은 소비자들을 묶어두는 역할을 하는 것이 분명하다.

넷째, 타 브랜드와 구별되는 독창적인 디자인이다.

마케팅 이론에 '이노베이션 딜레마'라는 것이 있다. 이는 우수한 제품을 파는 거대 기업이 기술적 개량 개선에 치중하며 고객의 또 다른 수요를 등한히 한 결과 자사 제품보다는 열등하지만 새로운 특징으로 무장한 후발 기업에 추월당한다는 이론이다. 디자인 역시 이노베이션 딜레마의 영향을 받는다.

"보석은 다른 브랜드와 구별되는 독창적인 디자인이 중요한 분야이다. 그 부분에서 미키모토는 좋은 점수를 받는데, 예컨대 이 회사는 일본 전통 세공 기술과 미적 감성을 반영한 제품으로 유명하다."

미키모토 창업자가 보석업 진출을 준비하던 때만 해도 일본에 보석 디자인에 대한 개념이나 전문가가 없었다고 한다. 일본도 손잡이와 칼날 사이에 끼우는 칼막이인 쓰바(鍔)에 장식을 새기는 장인을 파견해 보석 디자이너로 양성했고, 그 흔적이 지금도 이 회사 디자인에 남아 있다.

다섯째, 고객의 소비행위 변화에 잘 대처한다.

소비란 기본적으로 인간의 심리나 감정에 좌우되는 행위이다. 그런 이유로 사람이 하는 결정의 70% 이상이 무의식적으로 일어난다고 한다. 더구나 의식적으로 일어나는 30%도 우리가 생각하는 것만큼 의식적이거나 자유롭지 않다. 이 말을 다시 말하면 인간이 구매를 할 때 '이성'보다는 '감정적 사고'를 우선시한다는 뜻이다.

소비활동만 해도 대부분의 사람들은 구매를 고려할 때 이성적으로 판단하고 결정했다고 착각을 하고 있다. 하지만 우리는 정작 이성의 개입이 없는 무의식적인 감정의 이끌림으로 판단하고 결정하는 것이다. 하물며 그것이 미키모토 같은 사치품을 선택할 때는 더욱 감정적인 선택을 하게 된다. 이성이 아닌 감성에 부등호가 있는 것이다.

기업의 성패는 결국 고객의 소비행위 변화에 잘 대처하는 것이다. 미키모토의 장점이 이 부분이라고 할 수 있다. 이 회사의 '캐시백 캠페인'이나 '현금 보상 판매'도 경제적으로는 할인 판매와 똑같은 효과를 갖는다. 오히려 더 불편할 수 있는데도 소비자들은 그걸 감수하면서까지 매장으로 몰린다.

이것은 소비가 경제적 이유뿐만 아니라 인간의 심리나 감정에도 좌우되는 행위라는 반증이다. 요즘처럼 고객 니즈에 대응하는 기업의 한계가 두드러진 적도 없으나 미키모토는 이 부분, 즉 소비자의 심리에도 잘 대응하고 있다.

미키모토는 아라비아의 토후국에 타격을 줄 목적으로 인공 진주 양식을 한 것은 아니다. 그러나 결과적으로 엄청난 충격을 줌으로써 연쇄적으로 석유라는 검은 황금을 발굴하게 하고 그것이 준 풍요는 오늘날 아라비아만의 기적을 만들었다.

물론 그 풍요가 얼마나 갈지는 아무도 모른다. 그러나 어떤 상황에서도 역경을 딛고 보석을 창조한 미키모토 같은 의지가 있다면 땅속 자원보다 더 값진 선물, 즉 인간 자원을 잘 활용할 수 있을 것이다.

"보석, 즉 주얼리(Jewelry)는 기쁨이란 뜻의 조이(Joy)와 어원이 같으며, 그 뜻처럼 보석은 사람들에게 즐거움과 기쁨을 주는 존재다. 다이아

몬드 반지는 영원한 사랑을 약속하고, 왕관의 루비는 그 자체로 경외감을 불러일으킨다."

고대 사람들에게 보석은 단순한 사치품이 아니었다. 권위와 신성함 그 자체였는데 그것은 대부분의 보석들이 땅에서 채굴된 광물이기 때문이다. 하지만 광물이 아니라 생명체가 빚어낸 보석도 많다. 산호, 호박, 진주 등이 이에 해당한다. 어떤 경우이든 보석 이야기는 들을수록 흥미진진하다.

이중 산호는 열대 바다에서 서식하는 생명체로, 조직이 치밀하고 색이 아름다운 산호가 보석으로의 가치를 얻는다. 하지만 지금은 기후 변화의 영향으로 산호초가 사라질 위기에 처해서 더 이상의 산호를 얻기는 힘든 상황이다.

호박과 진주는 생명체가 상처를 견디기 위한 결과물이다. 탄생 자체가 재미있는데 호박은 나무의 상처 틈에 고인 송진이 굳어서 만들어진다. 그 송진에 벌레가 닿으면 빠져나오지 못하고 내포되어 버리는 경우도 종종 있다. 우리가 보면서 즐겼던 영화 〈쥬라기 공원〉은 이 호박 속에 들어있는 벌레를 통해서 공룡을 복원한다는 내용이었다.

진주는 진주조개가 삼킨 불순물 주위로 조개의 탄산칼슘이 뭉쳐 만들어진 보석이다. 양식 진주는 조직 이식에 대한 껍질의 반응으로 만들어진다. 껍질의 맨틀 조직(이식편)의 작은 조각이 수용자 껍질에 이식되어 조직이 탄산칼슘을 침전시키는 진주 주머니가 형성된다.

이렇게 만들어진 양식 진주와 천연 진주의 구별은 X선 검사로 할 수 있다. 자연산이든 양식이든 진주는 거의 항상 그것을 생산하는 껍데기의 내부와 같이 진주층과 무지갯빛을 띤다. 진주조개가 아픔을 견디기 위해 보석을 만들어내는 모습은 '조개의 눈물'로 불리며 예술가들에게 많은 영감을 주기도 한다.

진주는 천연 진주와 양식 진주가 있다. 천연 진주는 거의 100% 탄산칼슘과 콘키올린으로 되어 있으며 채취 자체가 힘든 보석이었다. 말하자면 인공 진주는 '희소성'에 도전한 '현대판 연금술'이었던 것이다. 그 중심에 패기만만한 미키모토가 있었다.

"진주는 양식으로 진주를 만들기 전에는 채취하기 매우 어려운 보석이었다. 그러나 일본의 미키모토 고키치가 세계 최초로 진주 양식에 성공하면서 진주는 비교적 대중적인 보석이 됐다."

'퍼펙트 스톰'
폭풍우는 다시 찾아올 것이다

"화복무문 화불단행(禍福無門禍不單行).

이 말은 화(禍)나 복(福)이 오는 데는 일정한 문이 없으며

재앙은 한 번으로 그치는 게 아니라는 의미이다.

화는 하나로 그치지 않고 잇달아 오는 속성이 있다."

- 중국 속담

안니카 소렌스탐은 선수생활 내내 적당주의와 타협하지 않았으며

결코 '차선을 위한 최선의 선택'에 안주하지 않았다고 말하곤 하는데,

그녀는 그런 자평이 거부감 없이 크게 평가를 받는다.

★ ☆ ★ ☆

Have a nice day [10]

삶과 인생, 즉 우리가 살아가는 세상살이의 특징 중에는 악재가 오면 동시다발적으로 한꺼번에 밀려온다는 것이 있지요. 이런 현상을 퍼펙트 스톰(Perfect Storm)이라고 부릅니다.

당하는 당사자에게는 힘든 일이지만 인간 사회는 한 번 나쁜 일이 생기면 그에 그치지 않고 다음에도 악재가 따라온다는 것이지요. 이것을 화불단행(禍不單行)이라고도 하지요. 화(禍)는 하나로 그치지 않고 잇달아 온다는 의미를 담고 있지요.

말하자면 불행한 일을 당하고 있는데 그 상황에서 다시 좋지 못한 일이 겹친다는 것이지요. '설상가상'이라고도 할 수 있는데 이는 '두 가지 이상의 악재가 동시에 발생해 영향력이 커지는 현상'이라는 의미의 퍼펙트 스톰과 화불단행은 같은 뜻으로 인간 사회를 설명하는 말로도 쓰이지요.

퍼펙트 스톰이란 원래 자연재해에서 유래된 용어로, 두 가지 이상의 재해가 겹쳐지면서 엄청난 파괴력을 지닌 재해로 발전해 큰 피해를 주는 재앙을 통칭합니다. 이 말이 기상 용어로 사용될 때는 위력이 크지 않은 태풍이라도 다른 자연 현상과 같이 발생하여 큰 파괴력을 일으키는 현상을 말합니다.

이 말이 시사 용어로 이용될 때는 두 가지 이상의 악재가 동시에 발생해 경제에 파괴적인 악영향을 미치는 현상을 의미합니다. 이 '힘듦'을 상징하는 용어는 어둡고 비관적인 경제 전망을 자주 내놓아 '닥터 둠(Dr. Doom)'이라는 별명을 가진 누리엘 루비니 뉴욕대학교 교수가 쓰기 시작한 말입니다.

"경제에서는 두 가지 이상의 악재가 동시에 발생해서 그 영향력이 더욱 커지는 현상을 지칭하는 용어가 있죠. 즉, 퍼펙트 스톰은 악재가 겹친 글로벌 경제 위기를 말합니다."

〈퍼펙트 스톰〉은 동명의 영화로 더 알려졌지요. 1991년에 발생한 실제 사건을 바탕으로 제작되었는데 영화의 스토리는 세바스찬 융거의 책《퍼펙트 스톰 : 바다에서의 절망적인 노동》에서 다루어졌고, 이 얘기가 영화 제작의 밑거름이 되었습니다.

영화는 안드레아 게일호가 역사상 가장 강력한 폭풍 중 하나인 '퍼펙트 스톰'에 휩싸여 실종되면서 일어나는 이야기입니다. 어부를 태운 안드레아 게일호가 황새치를 잡으러 바다로 떠납니다. 초기에는 날씨와 바다의 상황이 좋아 어획량도 꽤 괜찮았습니다.

그러나 돈을 벌기 위해 황새치를 잡으러 떠난 선장과 선원들은 큰 수확을 위해 더 위험한 곳으로 나아갑니다. '위험 있는 곳에 대가가 있다'쯤될까요. 그러나 서로에 대한 신뢰가 없는 상태로 같은 배에 타게 된 선원들은 죽음과 맞닥뜨리는 사건들을 통해 가족과 다름없는 인연이 되었고 모두가 하나가 되어 배를 몰아갑니다.

하지만 그들의 의지와는 다르게 자연은 해피엔딩을 바라지 않습니다. 상황은 악화되면서 무심한 시간은 흘러갑니다. 그렇게 점차 날씨의 악화와 함께 설상가상 세 개의 폭풍이 합쳐져서 거대한 폭행성 기압, 이른바 '퍼펙트 스톰'으로 발전해 갑니다.

엄청난 자연재해에 직면한 안드레아 게일호 선장과 선원들은 안전하게 항구로 돌아가려고 노력하지만 폭풍의 세기는 점점 강해져 그들의 생존은 점점 더 어려워집니다. 구조를 기대할 수도 없어서 선장은 어획물을 버리고 선원들의 생명을 구하려하지만 이것마저도 폭풍 앞에서 힘없는 시도에 불과합니다.

이렇게 영화 〈퍼펙트 스톰〉은 인간의 용기와 투지를 그린 동시에 자연의 무서운 힘을 강조하며 놀라운 시각효과와 감동적인 이야기로 관객들에게 강한 인상을 남깁니다. 실화를 바탕으로 한 이 영화는 선원들의 용감한 투쟁을 기리기 위한 작품으로 그들의 이야기를 영원히 기억하게 합니다.

퍼펙트 스톰을 얘기하다 보면 기린 이야기가 생각납니다.

새끼 기린은 태어나면서부터 일격을 당하면서 세상에 나옵니다. 키가 하늘 높이만큼 큰 엄마 기린이 선 채로 새끼를 낳기 때문에 수직으로 곧장 떨어져 온몸이 땅바닥에 내동댕이쳐집니다. 그 충격으로 잠시 멍해져 있다가 간신히 정신을 차리는 순간, 이번에는 엄마 기린이 그 긴 다리로 새끼 기린을 세게 걷어찹니다.

이 단계에서 새끼 기린은 이해할 수 없습니다. 이제 막 세상에 태어났고 이미 땅바닥에 세게 부딪쳐 정신이 얼얼한데 또 걷어차이는 것입니다. 아픔을 견디며 다시 정신을 차리는 찰라, 엄마 기린이 또다시 새끼 기린을 힘껏 걷어찹니다.

처음보다 더 아파서 더 큰 비명을 지르며 고꾸라진 새끼 기린은 이 상황을 이해할 수 없어 머리를 흔들다가 문득 깨닫습니다. 이대로 움직이지 않고 가만히 있다가는 계속 걷어차일 것이라는 것을 생각하면서 새끼 기린은 가늘고 긴 다리를 비틀거리며 기우뚱기우뚱하며 일어서기 시작합니다.

바로 그때 엄마 기린이 한 번 더 엉덩이를 세게 걷어찹니다. 그 충격으로 자빠졌다가 벌떡 일어난 새끼 기린은 달리기 시작합니다. 그렇지 않으면 계속 발길질을 당할 것이기 때문입니다. 그제야 엄마 기린이 달려와 아기 기린을 어루만지며 핥아주기 시작합니다. 생존에 대해 엄마 기린은 알고 있는 것입니다. 이렇게 생각하면서요.

"아기 기린아! 너의 힘으로 달리지 않으면 하이에나와 사자들의 먹잇 감이 되고 만다. 살아남으려면 일어서서 달리는 법을 배워라."

우리의 인생살이 역시 새끼 기린과 별반 다르지 않습니다. 이곳저 곳에서 인정사정없이 걷어차이는 기린과 같습니다. 때로 인생이 우 리를 세게 걷어차면 우리는 고꾸라집니다.

하지만 다시 비틀거리며 일어나야만 하고 또다시 걷어차이어 쓰러 질 것입니다 그러면 우리는 또다시 일어나서 달려야 합니다. 그것이 우리가 성장하는 방식입니다. 어차피 우리는 정글 혹은 퍼펙트 스톰 같은 세상에 살고 있기 때문입니다.

지구촌의 일원으로 살고 있는 우리는 전쟁, 코로나19 위기, 패권 다툼, 경제 붕괴, 남북 갈등, 저출산과 초고령화, 양극화, 주식이나 사 업 투자와 코인 관련 사고, 폭등, 폭락 등으로 정신 차릴 수 없는 하 루하루를 보내고 있습니다.

우리가 원하는 것은 아니지만 이런 현상들을 보면 화(禍)는 하나로 그치지 않고 잇달아 온다는 화불단행(禍不單行)이 새삼스러운 것도 아닙니다. 나쁜 일이 한 번 생기면 또다시 나쁜 일이 뒤이어 따라오 고 불행한 일을 당하고 있는데 그 상황에서 다시 좋지 못한 일이 겹 칩니다. 퍼펙트 스톰이 일상이 된 요즘입니다.

결국 '화불단행'이나 '퍼펙트 스톰' 등은 마치 '새끼 기린'에게 겹쳐서 찾아오는 불행에 대한 한탄이고 자조일 수 있을 것입니다. 그렇지만 바꾸어 생각하면 불행한 일을 겪었을 때 곧이어 닥쳐올 또 다른 재앙을 경계하고 대비한다면 피해를 줄일 수 있다는 말도 됩니다.

다른 한편으로는 한 차례 어려운 고비를 넘기더라도 안심하지 말고 더욱 조심하면 더 이상의 곤란을 면할 수 있다는 뜻이기도 합니다.

사실 위기라는 것은 어느 순간 갑자기 찾아오는 경우도 있지만 경제와 관련해선 큰 자연재해가 오기 전부터 나타나는 전조증상이 나타나기 마련입니다. 그렇기 때문에 각 경제 전문기관 혹은 경제 전문가, 국제단체들이 위험에 대해서 경고를 하며 이를 개선하라고 주의를 주는 경우를 많이 볼 수가 있습니다.

많은 전문가들은 세계자본주의 시스템은 코로나19 팬데믹이라는 보건 위기로 인해 경제 위기, 생태 위기, 국제적인 갈등 등과 결합하는 '퍼펙트 스톰(두 가지 이상 악재가 동시에 발생해 영향력이 커지는 현상)'에 가까워지고 있다고 말합니다. 중요한 것은 대처 방법일 텐데 전문가들의 처방 요지는 이렇습니다.

"중요한 것은 세상을 바꾸는 것이 아니다. 세상을 있는 그대로 놓기 위해 최선을 다할 것이다. 있는 그대로 놓아두기 위해서는 세상을 근본적으로 변화해야 한다."

설명의 요지는 코로나19 팬데믹이 우리 사회에 존재했던 갈등을 끄집어내는 기폭제 역할을 했다는 것입니다. 그 결과 포스트 코로나 시대, 즉 'BC(Before Corona, 코로나 이전)와 AC(After Corona, 코로나 이후)의 세계는 다를 것이라고 하면서 분명한 것은 코로나19 이전으로 돌아갈 수 없다는 사실을 받아들이라고 합니다.

새로운 표준이라는 뉴노멀 시대를 받아들이는 것은 참으로 어려운 일이지만 결국 혁신만이 답이라는 처방입니다. 이렇게 살펴봤지만 어떤 현상이 있을 때 어떻게 슬기롭게 대처해야 할 것인가는 중요합니다. 개인의 경우에도 처방은 같습니다.

다시 영화 〈퍼펙트 스톰〉 이야기입니다. 만선의 꿈을 안고 안드레아 게일호는 바다로 나갑니다. 그런데 날씨가 문제를 일으킵니다. 바로 거대한 폭풍 '스톰'이 온 것입니다. 악전고투가 시작됐고, 선원들은 죽기 살기로 거친 바다에 맞섭니다.

하지만 폭풍우는 점점 거세지고 더 큰 시련까지 몰려왔습니다. 남쪽 카리브해로부터 허리케인이 밀어닥친 것입니다. 설상가상인데 불운은 그것으로 끝이 아니었습니다. 북쪽 캐나다에서 몰려오는 한랭전선까지 이들을 위협합니다.

스톰과 허리케인, 한랭전선 이 세 가지가 한꺼번에 같은 지역에서 충돌하고 증폭되어 사상 유례없는 악천후가 시작된 것입니다. 기상관측소에서조차 '인류 역사에 길이 남을 최악의 재난이 벌어질 것'

이라고 말할 정도로, 최악의 '퍼펙트 스톰'과 마닥뜨린 것입니다.

비즈니스나 인생에서도 이와 같은 상황과 마주칠 때가 많습니다. 현재 우리 삶의 조건 역시 마치 퍼펙트 스톰처럼 여러 시련이 한꺼번에 들이닥치는 경우가 흔합니다. 자녀 문제, 직장 문제, 재정 문제, 건강 문제가 동시에 일어나면서 도저히 정신을 차릴 수가 없고 헤쳐 나갈 방법은 보이지 않습니다.

더구나 주위에는 도와줄 사람은 없고 조금씩 상황이 좋아지거나, 한숨을 돌리나 싶으면 예상치 못했던 전혀 다른 문제가 또 튀어나오는 악순환의 연속입니다. 이런 지치게 하는 상황들이 우리 인생의 모습이기도 합니다.

안드레아 게일호의 이야기는 노벨상에 빛나는 헤밍웨이의 소설 《노인과 바다》에서 묘사되는 내용과 비슷합니다. 소설 속의 주인공 노인은 살라오('운이 없는 사람'이라는 스페인어)에 빠져 무려 84일 동안 고기 한 마리 낚지 못하다가 엄청난 크기의 청새치를 잡습니다.

배에 청새치를 묶고 항구로 돌아갈 생각에 노인의 기분은 날아갈 듯하지만 기쁨도 잠시, 상어떼가 몰려옵니다. 노인은 청새치를 뜯어 먹는 상어떼에 맞서 싸우지요. 배에 있던 도구를 모두 사용하고 할 수 있는 모든 힘을 다해 자기가 잡은 청새치를 지키려 하나 역부족입니다. 그러나 노인은 역경에 맞섭니다.

"인간은 패배하기 위해 태어난 게 아니야. 인간은 파멸당할 수는 있어도 패배할 수는 없어."

20세기 미국 문학을 개척했다고 평가받는 어니스트 헤밍웨이. 그에게 노벨문학상을 안겨준 《노인과 바다》는 절제된 문장으로 강렬하게 그려낸 한 노인의 실존적 투쟁과 불굴의 의지를 표현하고 있지요.

84일간 고기를 잡지 못한 노인은 85일째 조각배를 타고 먼 바다로 나갔다.
사흘 밤낮을 사투 끝에 작살에 꿴 청새치를 뱃전에 매달고 돌아오는 도중에 피 냄새를 맡은 상어와 다시 사투를 벌인다.
마지막 남은 상어도 떠나고 약탈자인 상어에게 살코기를 다 빼앗겼지만 5.5미터의 거대한 뼈는 그의 뱃전에 매달려 있었다.
노인은 뼈와 함께 만신창이가 되어 돌아온다. 그러고는 지쳐서 잠이 든다.
전리품 같은 청새치의 뼈를 보러 사람들이 몰려와도 노인은 깊은 잠에 빠졌다.

《노인과 바다》는 개인주의와 허무주의를 넘어 인간과 자연을 긍정하고 진정한 연대의 가치를 역설한 수작이지요. 《노인과 바다》를 읽다 보면 우리 인생의 이야기를 하고 있다는 생각이 들곤 합니다. 가령 노인이 우리라면 바다는 인생, 청새치는 인생의 목표, 상어는 장애물, 그리고 새들은 그냥 그렇게 목표 없이 사는 사람들.

사실 헤밍웨이는 상징적 의미를 부여하는 것을 그다지 좋아하지 않았다고 하는데, 많은 사람들이 《노인과 바다》를 우리 인생을 상징하는 것으로 바라보고 있다는 점이 흥미롭기도 합니다.

어쨌든 퍼펙트 스톰처럼 밀려오는 온갖 고난에 정면으로 맞서고 어려움을 극복하는 노인의 예에서 보듯 우리의 삶은 힘들고 복잡하며 우리 맘대로, 우리 뜻대로 되지 않습니다. 이런 사실을 알고 겸허히 받아들이면 어떤 고난도 이겨낼 수 있습니다.

영화 〈퍼펙트 스톰〉으로 돌아가 보면 아주 인상적인 대사가 등장합니다. 거대한 폭풍에 맞서 분투하는 작은 배 위의 선장과 다섯 명의 선원, 그들은 짧지만 강력한 메시지를 전달합니다.

"폭풍은 또 올 거야!"

"그래도 우린 원 없이 싸워봤잖아!"

그렇습니다! 폭풍은 또 올 것입니다. 그 폭풍 속에서 우리는 저마다의 배를 타고 있습니다. 자신이 선장으로 있는 인생이라는 작은 배를 말이지요. 그리고 우리는 맞서 싸워야 합니다.

안니카 소렌스탐

'비전54'로
나는 매홀 버디를 잡을 것이다

"목표요? 골프에서 내 목표는 간단해요. 홀마다 버디를 잡는 것이지요.
클럽 헤드 커버에 54라는 숫자를 새기고 다니는 이유지요.
항상 '이 홀에서는 꼭 버디를 잡는다'는 자기암시와 함께 라운드에 나가지요."
– 안니카 소렌스탐(LPGA 명예의 전당 멤버)

한 분야에서 큰 성취를 이룬 인물은 사람들에게 영감을 준다. 더구나 그것이 같은 일이라면 더 큰 동기부여가 된다. 한국 여자 프로골프에선 1998년 US 여자 오픈 우승을 시작으로 미국 LPGA 투어 통산 25승을 거둔 박세리가 그렇다.

그의 성공을 지켜본 많은 '박세리 키즈'가 그를 롤모델 삼아 태평양을 건넜다. 박인비, 최나연, 신지애 등 한때 LPGA를 호령한 선수들은 첫 우승 소감에서 빼놓지 않고 '세리 언니'를 언급하곤 했다.

박세리에 의해 골퍼의 꿈을 키운 '박세리 키즈'들은 그동안 LPGA 무대에서 206승을 거뒀으며(한국계 제외), 2015년에는 15승을 합작하기도 했다. 이런 압도적인 위상에 수성(守城)이 쉬울리 없다. 미국은 물론 유럽, 태국, 일본 선수들의 약진으로 요즘 LPGA 투어는 춘추전국시대에 들어간 듯하다.

2023년 6월 발표된 LPGA 랭킹에서 현재 세계 최정상은 고진영이다. 최장기간 신기록인 159주 세계 랭킹 1위를 기록하고 있다. 이 기록은 158주 연속 정상을 지키다 2010년 은퇴한 'LPGA의 전설'이자 '멕시코의 영웅' 로레나 오초아를 넘은 새로운 기록이다. 오초아의 기록을 깬 스타가 무려 13년 만에 등장한 것이다. 여자 골프 세계 랭킹은 2006년부터 집계됐으며 매주 발표된다.

고진영의 세계 랭킹이 발표된 날 LPGA는 오초아의 축하 영상을 공개했다. 영상에서 오초아는 자기의 기록을 깬 고진영에게 '가장 먼저 축하를 전하고 싶었다'며 '그 방향으로 계속 가라'고 격려했다. 그 소식을 듣고 고진영은 답했다.

"항상 지켜보면서 꿈을 가졌던 레전드 오초아와 어깨를 나란히 하게 돼 큰 영광이다. 언급되는 것 자체가 나를 행복하게 하고 겸손하게 만든다. 항상 그 마음을 잃지 않겠다."

고진영은 지난 4년 2개월 동안 5차례에 걸쳐 1위에 올라 기록을 쓰고 있는데 그동안 박성현, 넬리 코르다, 리디아 고 등에게 1위를 내줬다가 되찾았다. 고진영과 오초아 다음으로 세계 1위를 오래 지킨 선수는 교포 리디아 고(125주), 대만 쩡야니(109주), 박인비(106주)의 순이다. 역대 세계 1위에 올랐던 한국 선수는 5명으로, 그들은 고진영과 박인비, 신지애(25주), 박성현(20주), 유소연(19주)이다.

특히 영광된 기록을 주고받은 오초아와 고진영은 같은 캐디의 도움을 받아 세계 1위를 이룬 묘한 인연이 있다. 캐디 데이비드 브루커는 2019년부터 고진영의 골프백을 메고 있는데, 그는 LPGA 인터뷰에서 '오초아는 장타를 쳐서 이글을 많이 잡았고, 고진영은 훨씬 더 일관성 있는 경기를 한다'며 둘 다 선수로서의 성공은 강한 정신력이라고 평가했다.

"둘 다 경쟁심이 강하고 현재에 집중하는 능력이 있다. 경기 스타일은 서로 매우 다르지만 강한 정신력이 공통점이다. 특히 고진영은 '나쁜 샷이 나와도 동요하지 않는 것'이 큰 장점이다."

그러면서 고진영이 지난해 손목 부상으로 큰 위기를 맞은 반면, 오초아는 부상 없이 투어 생활을 마쳤다고 회고했다. 고진영은 '그동안 부상과 우승 경쟁에서 압박감을 많이 느꼈지만 그런 압박감이 나를 더 강하게 만들었다'고 하면서 '그런 굴곡에서의 교훈으로 무장해 더 나은 사람, 더 나은 선수가 되겠다'고 다짐했다.

앞에서 언급한 많은 스타들이 훌륭하지만 진정한 1인자, 즉 '골프 여제'로 불린 선수는 따로 있다. 예컨대 PGA의 타이거 우즈를 '골프 황제'라고 부르는 것처럼 LPGA의 '골프 여제', 즉 '여자 황제'로 불린 선수는 스웨덴의 '안니카 소렌스탐'이다.

골프에 대한 그녀의 목표 자체가 황제답고 그 목표를 향해 치열하게 노력함으로써 여제가 됐다. 그녀의 목표는 모든 홀에서 버디를 잡는 것이다. 그래서 클럽 헤드 커버에는 항상 숫자 54를 새기고 다니면서 '당연히 버디를 잡는다'는 강한 자기암시를 걸고 라운드에 임한다. 모든 홀에서 버디를 잡으면 54타이다.

골프가 생긴 이래 한 라운드 최소 타 공식 기록은 59타다. 전 세계 모든 골퍼(남자, 여자)를 통틀어 4명밖에 없다는 59타의 유일한 여자 주인공이 소렌스탐이다. 이것이 얼마나 엄청난 기록인지를 보여주는 장면이 2023년 7월 10일 미국 일리노이주에서 열린 '존디어 클래식'에서 있었다.

제프 슈트라카 선수는 마지막 날 이글 1개, 버디 9개, 더블 보기 1개 등 62타로 우승한다. 그런데 그는 3라운드까지 선두에 4타 뒤진 채 마지막 승부에 나섰는데, 전반에만 7타를 줄이며 단독 선두에 올랐다. 더구나 11~14번 홀에서 4연속 버디를 몰아치며 마지막 홀에서 1타만 더 줄이면 '꿈의 59타'를 기록할 수 있었다. 그러나 힘이 들어갔는지 그는 두 번째 샷을 물에 빠트리며 더블 보기를 기록한다.

이렇게 한 라운드에 13언더파는 엄청난 기록인데 그 주인공 소렌스탐에게는 '비전(Vision)54'와 더불어 '골프 여제'를 상징하는 숫자가 된 것이다. 그럼에도 소렌스탐의 세계 랭킹은 60주 동안 1위가 전부이다. 그렇다면 아마도 이런 내용들이 궁금해질 것이다.

> "'소렌스탐은 어떻게 그렇게 강한가?', '영원한 골프 여제로 통하는 소렌스탐은 왜 세계 랭킹 1위 기간이 짧을까?', '진작부터 세계 랭킹이 있었다면 소렌스탐은 1위를 얼마나 했을까?'"

여자 골프 세계 랭킹은 2006년부터 집계되고 매주 발표된다. 그런데 2005년 상금 랭킹 1위는 안니카 소렌스탐이었다. 당시 258만 달러를 획득한 소렌스탐은 153만 달러의 폴라 크리머(미국)를 제치고 상금 1위를 차지했다. 그해 로레나 오초아(멕시코)는 120만 달러를 획득해 상금 랭킹 4위를 기록했다.

LPGA에 세계 랭킹이 도입된 것은 소렌스탐이 피크를 친 다음해인 2006년 2월 20일이다. 세계 랭킹이 생긴 후에도 소렌스탐은 60주 동안 1위 자리를 지킨 뒤 은퇴했고, 그다음으로 왕좌에 오른 선수는 오초아였다.

새로운 스타로 등장한 오초아는 그 이후 무려 158주 동안 한 번도 1위 자리를 내놓지 않았고, 그녀가 은퇴를 택하면서 한동안 세계 랭킹 1위 자리는 대혼돈의 시기를 맞았다. 그러고는 마침내 13년 만에 오초아의 철옹성이 고진영에 의해서 무너진 것이다.

진작에 랭킹을 매긴 남자 골프와 달리 여자 골프 세계 랭킹은 2006

년 비로소 시작됐다. 당시는 소렌스탐의 전성기 후반이었다. 사실 소렌스탐은 1997년과 1998년 상금왕 자리에 올랐고, 1999년과 2000년 단 2년만 상금 1위 자리를 캐리 웹에게 양보했다. 하지만 다시 상금왕을 빼앗은 후에 2005년까지 그 자리를 견고히 지켜냈다.

말하자면 세계 랭킹이 시작되기 전 12년 동안 몇 번을 제외하고 소렌스탐의 전성시대가 이어진 것이다. 이렇게 본다면 세계 랭킹이 시작되기 전 대략 8년에 416주 가까이 세계 랭킹 1위 자리는 소렌스탐의 몫이었을 것이다. 만일 세계 랭킹 카운트가 진작부터 있었다면 그녀의 여자 골프 퀸의 자리는 오초아나 고진영보다 훨씬 더 오래 유지될 수 있었다는 계산이 나온다.

어떤 측면에서 어떻게 설명해도 소렌스탐의 기록은 엄청나고 '골프 여제'라는 형용사가 결코 과하지 않다. 그렇다면 그녀의 눈부신 성적과 골프 역사에 빛나는 명성은 어떻게 형성된 것일까?

첫째, 목표는 뚜렷하게 세워놓고 그것을 달성한다.

전 세계 모든 골퍼를 통틀어 한 라운드 13언더파 기록인 59타는 4명밖에 없다고 하는데, 여성 중에는 그 영광된 기록의 주인공이 소렌스탐이다. 그 엄청난 기록은 그녀의 목표인 '비전(Vision)54'에 도전하는 가운데 달성한 것이다. 소렌스탐은 '목표라는 것은 분명하게 세워놓고 달성하는 것'이라고 말한다.

"목표는 동기부여를 하는 동시에 추진력이 됩니다. 마음속으로 뭔가를 그려낼 수 있다면 훈련하기가 더 쉬워요. 목표는 이해할 수 있고, 만질 수 있는 실체여야 합니다."

그녀에게 목표란 구체적으로 '홀마다 버디 한 개는 잡는다'는 것이다. 클럽 헤드 커버의 숫자 54가 이런 각오를 증명한다. '당연히 버디를 잡는다'는 강한 자기암시를 걸고 라운드에 임함으로써 목표에 근접해 가는 것이다. 프로 골퍼들이 대회 중에 두려움에 빠져 퍼팅 미스를 하는 일이 많지만 그녀는 한 발 더 나아가 '버디를 잡는다'는 확신으로 라운드에 임한다.

그와 함께 라운딩을 하는 선수들은 흔히 '그의 카리스마에 주눅부터 든다'고 말하곤 한다. 걸음도 남자처럼 걸음으로써 호사가들은 그녀가 남성 호르몬을 복용한다는 우스갯소리를 하기도 했으나 소렌스탐은 그것을 '자기 확신감'으로 설명한다. 그의 말을 들어보자.

"수전 패터슨과 함께 2003년 솔하임 컵에서 첫 번째 매치 플레이를 할 때 수전에게 말했지. '고개를 들고 챔피언처럼 당당하게 걸어. 걷는 속도도 빨라야 해. 티샷도 먼저 하고, 그린에도 먼저 올려야 해.' 그런 식으로 모든 것을 먼저 하다 보면 자신감이 생겨서 가끔은 그럴 상황이 아닌데도 상대방의 기를 죽이게 되지."

소렌스탐은 선수생활 내내 적당주의와 타협하지 않았으며 결코 '차선을 위한 최선의 선택'에 안주하지 않았다고 말하곤 하는데, 그런 자평이 거부감 없이 크게 평가를 받는 이유이다.

둘째, 상대방과의 경쟁이 아닌 골프 코스와의 싸움을 한다.

소렌스탐이 자기 경기에 얼마나 몰두했는지를 알 수 있는 소문 한 토막을 소개해 보자. 그녀와 함께 라운드를 하던 선수가 파4홀에서 앨버트로스(이글)를 했다. 자축하고 주위 갤러리들이 박수를 보내는 것은 당연했다.

그런데 다음 홀 티샷을 하러 걸어가는 와중에 앨버트로스를 한 선수에게 소렌스탐이 질문을 했다.

"방금 이 홀에서 뭐를 쳤죠?"

황당한 것 같지만 그만큼 자기 경기에 몰두했다는 반증이다. 그녀는 흔히 '두려움에 굴복하지 말고 두려움에 맞서 이겨라'라고 얘기하곤 한다. 실제로 그렇게 했고 그녀는 이렇게 말한다.

"두려움은 자신이 없다는 증거고, 자신이 없으면 몸과 마음, 샷이 움츠러들 수밖에 없다. 어려운 상황에 처했어도 '할 수 있다!'는 긍정적 마인드를 갖는다면 성공 확률 역시 높아진다."

참으로 진지한 자세로 골프를 대하는 것이다. 사실 골프는 코스를 디자인한 설계자의 의도를 헤아리고 이를 근거로 한 코스와의 싸움이다. 그러면 내가 해야 할 골프가 무엇인지 알 수 있게 된다.

소렌스탐 스스로는 어떻게 생각할까? 우승 직후 가진 공식 인터뷰 한 대목을 인용한다. "경기할 때 표정이 편해 보였는데 2위와의 타수 차이가 많이 나서 그런 건가요?"라는 질문에 대한 답이다.

"(경기가) 끝날 때까지는 끝난 게 아니에요(It ain't over till it's over). 특히 골프에서는요. 그래서 저는 항상 조심해요. 조용히 홀을 공략하죠. 하지만 어떤 홀은 확신이 들기도 하죠. 그럴 때면 쇼트 아이언을 들고 핀을 바로 노리죠. 스윙에 리듬이 붙을 때는 그래요. 거리 조절도 잘돼요."

그녀에게 골프는 상대방과의 경쟁이 아닌 골프 코스와의 싸움이라는 뚜렷한 생각이 자리하고 있는 것이다. 일반 골퍼들도 다른 사람과 비교하며 그들을 이기기 위해 온갖 기를 쓰는 모습에서 한발 물러나 골프의 본질에 충실할 필요가 있는 것이다.

셋째, 집중할 때와 달리 쉴 때는 골프를 완전히 잊는다.

1999년부터 소렌스탐을 가장 가까운 거리에서 지켜본 캐디 테리 맥나마라는 그녀의 강점을 '인내심'과 '정신력'으로 꼽는다. "연습을 충분히 못했을 때 오히려 불편해합니다. 한편으로는 결코 포기함이 없이 다른 선수들의 스코어에 흔들리지 않고 경기를 풀어 가는 것은 큰 정신적인 강점이죠"라고 말한다.

예컨대 미국 버지니아주 킹스밀 리조트 리버코스에서 열린 대회 2라운드에서 갑작스러운 폭우가 내렸다. 예기치 않게 전날부터 내린 폭우로 1라운드를 5오버파로 마친 소렌스탐은 2라운드에서 컷 탈락의 위기를 맞은 것이다.

긴장할 수밖에 없는 팽팽한 승부에서 소렌스탐은 전반 9개 홀에서 지루한 파 행진을 벌이고 있었다. 이쯤 되면 인내심이 바닥을 드러낼 법도 했지만 그런 때에도 소렌스탐은 이런 생각을 했다고 한다.

"9개 홀이 남았다면 9개의 버디 찬스가 있다고 생각해야지. 나는 늘 잘 해왔으니까 나쁜 쪽으로 생각할 이유가 없어."

그런 주문처럼 소렌스탐은 거짓말같이 후반 9개 홀에서 4개의 버디를 잡아냈다. 합계 1오버파로 공동 26위를 기록한다. 컷 탈락 위기에서 기사회생한 것이다. 그러고는 리더보드 상단을 차지하고 있는 선수들에게 위협적인 한마디를 남겼다.

"내가 아직 여기 있다는 걸 알았으면 좋겠다."

결국 그 경기에서 우승한 그녀가 '세계적 스타가 된 비결'은 어떤 상황에서도 포기하지 않는 엄청난 '멘탈의 힘'인 것이다.

넷째, 항상 지금하려는 샷, 즉 현재의 샷에 집중한다.

소렌스탐의 '비전54'에서 얻을 수 있는 교훈은 무엇일까? 사실 현실적으로 매홀 버디를 한다는 '비전54'의 달성 가능성은 거의 없다. 그러나 큰 비전으로 작용하듯이 당장 실현 불가능한 목표라도 항상 염두에 두는 것이 현실화 시간을 단축시키는 길이 될 것이다.

전성기일 때 박세리는 최악의 부진에 빠져 대회 사상 첫 디펜딩 챔피언의 컷 탈락이라는 불명예 기록을 남긴다. 이날 18홀 내내 예전의 박세리 특유의 과감한 플레이와 뚝심을 찾아볼 수 없었다.

탈락이 확정된 후 박세리는 인터뷰에서 "소렌스탐처럼 골프에 집중할 때와 골프를 잊고 완전히 쉴 수 있는 능력을 배우고 싶다"고 대답했다. 말하자면 배우고 싶다는 말로 라이벌 소렌스탐의 장점을 인정한 것이다. 다시 소렌스탐의 이야기이다.

"바로 직면한 현재의 샷에 집중해야 한다. 이미 지난 샷이나 다음에 해야 할 샷을 생각하기보다는 지금 하려는 샷 하나에만 온 신경을 쏟으면 된다. 특히 과거의 잘못된 샷에 연연할수록 현재의 샷은 더 엉망이 될 수 있기 때문이다."

어쨌든 소렌스탐이 54타를 칠 수 있을지 여부와 상관없이 그 정신력은 본받을 만하다. 그것이 그녀가 강한 이유의 설명으로 충분하며 그런 정신력으로 기록한 한 라운드 최소 타인 59타는 앞으로도 깨지기 어려운 공식 기록이다. 그녀의 타의 추종을 불허하는 실력은 어디에서 기인할까? 그녀는 말한다.

"특별히 남다르다고 생각하지 않아요. 경기마다 즐기는 마음으로 임하죠. 따라서 다른 선수들보다 압박감이 덜할 수 있겠네요. 긴장감을 즐겨요. 그러는 가운데 완벽해지려고 노력하지요."

사실 골프로 먹고 살아야 하는 프로가 아니라 취미로 즐기는 아마추어들도 소렌스탐처럼 54타를 노리듯한 자세와 각오로 임한다면 베스트 스코어를 내지 못할 이유가 없을 것 같다. 또한 이것이 소렌스탐의 '비전(Vision)54'에서 얻을 수 있는 교훈이기도 하다.

《탈무드》 교훈, 부자가 되려면 부자와 함께하라

"세상에는 죽은 사람으로 간주되는 네 부류의 사람이 있다.

첫 번째는 가난한 사람이고, 두 번째는 나병 환자,

세 번째는 눈먼 사람이다. 그리고 마지막

네 번째는 자식이 없는 사람이다. 순서도 같다."

– 《탈무드》

모든 자전거 브랜드의 꿈은 '더 가볍고, 더 강하고, 더 빠른 자전거'이다.

킹 리우가 세운 자이언트가 비약적인 성장을 할 수 있었던 배경에는

끊임없는 기술 혁신으로 그 꿈을 이룬 데 있다.

Have a nice day [11]

오늘은 돈에 관한《탈무드》의 가르침을 볼까요?

유대인은 전 세계 인구의 0.3% 정도에 불과한데 노벨상만 해도 28%를 수상하고 있고 엄청난 돈을 가진 억만장자들은 셀 수가 없지요. 이런 탁월한 성과를 내게 한 요인 중에는 유대인의 정신적 지주인《탈무드》를 빼고는 설명이 안 되지요.

《탈무드》에는 삶을 살아가는 데 꼭 필요한 중요한 조언들이 넘쳐나지요. 그중 돈에 관련한 내용 중에 죽은 사람으로 간주되는 네 부류의 사람 중에서도 첫 번째가 가난한 사람이라는 표현은 가장 독특하고 놀라운 조언이면서 쇼크인 것이 분명하지요.

말하자면 이 세상에서 죽은 사람으로 간주해야 할 만큼 가치도 없고, 쓸모도 없고, 기능도 없는 존재감 제로인 사람들인 4가지 부류 중 첫 번째가 돈이 없는 가난한 사람이라는 것입니다. 역시《탈무드》다운 충고인데 내용이 정말 큰 충격이지 않습니까?

아마도 저 문장을 읽고 불편하신 분도 있을 것입니다. 저도 처음

저 부분을 읽었을 때 큰 쇼크를 받았습니다. 우리는 어릴 때부터 돈을 좋아하면 큰일나는 줄 알지요. 교육 시스템이 그렇게 가르치는데 가령 '어린애가 돈을 알면 안 돼'라면서 마치 속물 취급하는 분위기 속에서 설령 돈을 좋아한다 해도 그런 마음을 표현해선 안 되는 줄 알면서 성장하지요.

돈과 겸손을 같은 덕목으로 등치시킨 웃기는 얘기이고, 이로 인해 돈에 관해서는 기형적인 의식이 형성되지요. 돈에 관한한 진심을 외면해야 하는 대상이죠. 그 결과 우리나라 사람들은 속으로는 돈을 간절하게 원하면서도 겉으로는 이렇게 얘기하지요.

"돈이 인생의 전부냐, 천박하게 돈이나 밝히고 말야."

말하자면 돈에 관한한 겉과 속이 완전히 다른 '표리부동'에 '이율배반'의 이중적인 잣대를 들이대지요. 그런 것에 익숙한 사람들에게 《탈무드》의 솔직한 가르침은 큰 쇼크임이 분명합니다.

유대인들의 정신세계가 담겨 있고 그들이 살아가는 데 있어서 정신적 지주 역할을 하는 《탈무드》에는 돈은 사람을 축복하는 것이며 나쁜 것이 아니라고 말합니다. 그렇다면 왜 유대인들은 돈이 없는 사람을 죽은 사람으로 간주했을까요?

저는 유대인 중에 미국을 비롯, 세계적인 갑부가 많은 이유가 바로 그 부분 때문이라고 생각합니다. 돈이 바로 축복이며, 생명이며, 인간답게 살아갈 수 있게 해주는 유일무이한 도구라는 사실을 그들은 일찍부터 정확하게 알고 있었던 것입니다. 《탈무드》에는 이런 사실을 잘 설명해주는 말이 나오지요.

"돈은 악이 아니며, 저주도 아니다. 돈은 사람을 축복하는 것이다."

사실 죽은 사람은 아무것도 할 수 없지요. 누군가에게 어떤 영향을 끼칠 수도 없고 누군가를 도와주거나 이끌 수도 없으므로 그 자체로 이미 있으나마나한 존재지요. 《탈무드》는 돈이 없는 사람, 가난한 사람이 그런 존재라는 것이지요.

이런 《탈무드》의 가르침이 아니라도 '가난한 자는 죽은 자와 다름 없다'는 말은 동의가 가능합니다. 예컨대 가난한 자로 사는 것은 아무 가치도 없고 그 어떤 영향력도 발휘할 수도 없으며, 경제적으로도 노예와 같은 삶을 사는 것과 다를 바 없기 때문이지요.

철학자 중에 《탈무드》의 견해와 비슷한 의견을 피력한 사람이 있습니다. 바로 스피노자인데 그는 이런 말을 했지요.

"돈은 인생의 축소판이다."

돈이 인생의 축소판이라는 표현대로라면 가령 돈이 없다면 인생도 없다는 뜻이 되네요. 이렇게 인간의 욕망을 정확히 이해하는 대가들은 메시지 자체가 일반인과는 다르다는 것을 알 수 있지요. 표리부동하게 말을 돌리는 게 아니라 바로 표현하는 것이지요. 결국 돈이 없는 자는 삶이 없는 죽은 자와 같다는 말이고, 이는《탈무드》의 가르침과 동일하지요. 말하자면 이런 얘기가 되는 것이지요.

"돈이 삶과 죽음의 근원은 아니지만 돈이 없을 때는 그 근원조차도 흔들리게 할 만큼 위력이 강력하다."

왜 이렇게 돈의 중요성이 강조될까요? 그것은 우리가 자본주의 사회에서 살고 있기 때문입니다. 예컨대 돈이 없어서 큰 고통을 당하는 경우가 많기 때문이며, 반대로 돈이 많으면 그로 인해 누릴 수 있는 즐거움과 기쁨이 크기 때문입니다. 이렇게 돈은 기쁨과 슬픔의 근원이라고 할 수 있습니다.

다시《탈무드》의 유대인으로 돌아가 보면 그들은 어려서부터 인간 생활에 필수적인 것들, 예컨대 '정직하게 살아라'의 도덕과 '법과 규칙을 잘 지켜라'는 준법, 그리고 '부자가 되라'고 돈을 가르치지요.
말하자면 '황금 보기를 돌같이 하라', '애들이 돈을 밝히면 안 돼' 등등의 '이율배반적'인 이중적 잣대가 아니라 돈이 실제로 꼭 필요하다고 가르친 결과가 큰 성취로 나타난 것이지요. 너무 많이 인용되어 진부하긴 하지만 몇 사람만 볼까요.

발명가 에디슨, 20세기 최고 부자였던 록펠러, 퓰리처상을 만든 조지프 퓰리처, 투자의 귀재 조지 소로스, 전설의 앵커 래리 킹, 영화감독 스티븐 스필버그, 컴퓨터의 빌 게이츠와 스티브 잡스, 페이스북의 마크 저커버그, 구글의 래리 페이지, 아마존의 제프 베조스, 스타벅스의 하워드 슐츠 등 이루 헤아릴 수 없는 어마어마하고 기라성 같은 인재들이 유대인들이지요.

사실 세상의 모든 부모(그가 유대인이 아니라도)들도 누구나 자기 자식이 부자로, 폼나게 살기를 원하지 칙칙한 삶을 살기를 바라지는 않을 것입니다. 그러나 부모나 학교가 부를 가르치는 것은 한계가 있지요. 그 역할을 대신 하는 것이《탈무드》같은 책이지요. 돈을 강조하는 것은《탈무드》만 있는 게 아닙니다.

예컨대 책의 메시지를 통해 수많은 백만장자를 탄생시킨 나폴레온 힐의 전설적인 명저《나폴레온 힐 성공의 법칙(The Law of Success)》에서는 죽음, 실연, 건강 상실, 타인의 비판 등 인간에게 두려움을 주는 6가지 원인 중에 가난, 즉 빈곤을 그중 으뜸으로 꼽고 있지요.

책에서 설명하는 내용은 인간의 삶에서 돈은 기쁨과 슬픔의 근원이며, 그것으로 인해 큰 고통을 당하는 경우는 너무 많다는 것이지요. 이 부분은 시대를 달리해서도 같고 더구나 모든 것이 돈으로 평가받는 자본주의 사회에서는 더 말할 필요도 없지요.

다시《탈무드》로 돌아가서 보면 이 부분이 궁금할 것입니다.

"왜《탈무드》는 돈에 대한 터부가 전혀 없이 인간의 욕망에 충실하라고 가르치고 있는가?"

그것은 유대인들은 돈이 생명이며 인간답게 살아갈 수 있게 해주는 유일무이한 도구라는 사실을 정확하게 알고 또 그것을 후대에 가르쳐주고 있기 때문이지요. 지금 하는 얘기에 언짢은 사람도 있겠지만 사실이 그렇습니다. 그럼 이쯤에서《탈무드》와 유대인에 대한 얘기를 조금 더 해볼까요?

2,000여 년이 넘는 세월 동안 발길 닿는 대로 떠돌아다니며 온갖 핍박을 받았던 유대인이 결국은 살아남아 지금처럼 경제계를 군림할 수 있었던 것은 그들 특유의 천재적인 상술과 돈에 대한 남다른 철학 때문일 것입니다. 유대인들의 제2의 경전이라는《탈무드》에는 돈에 관련된 수많은 격언들이 있습니다.

"사람에게 해를 끼치는 것에는 고민, 싸움, 빈 지갑 이렇게 3가지가 있다. 그중에서도 최고는 바로 텅 빈 돈지갑이다."

유대인들은 돈에 대해서만큼은 언제나 진지하고 경건하며 절대 돈을 조롱하지 않습니다. 그들의 표현 중에 압권은 '돈은 세속의 하느님'이라는 부분입니다. 그들에게 있어서 돈은 천국의 하느님보다 더 현실적인 세속의 하느님인 것입니다.

사실 유대인들은 자유롭게, 마치 이웃집 사람 이야기를 하듯 하느님에 대해 이야기합니다. 그래서 "하느님은 밝은 빛을 내려주시고, 돈은 온기를 퍼뜨려준다"고 말합니다.

어릴 때부터 《탈무드》에서 배운 '돈에 대한 관(觀)'이 몸에 배어 있는 유대인들은 돈이란 깨끗하고, 아주 일상적인 것이라고 생각합니다. 따라서 돈을 버는 것은 숨기고 말고 할 필요가 없는 자연스럽고도 정정당당한 행위라고 인식합니다. 돈을 벌고 싶으면서도 돈 버는 일을 부끄럽게 여기는 마음 따위는 애초에 갖고 있지 않습니다.

분위기를 바꿔 워런 버핏과의 점심식사 이야기를 해보겠습니다.

해마다 연례 자선행사로 개최되는 '버핏과의 점심식사' 경매가 1,900만 달러(약 266억 원)에 낙찰됐다고 하는군요. 이것은 경매 형태로 수백억 원을 내고 미국 '오마하의 현인(賢人)' 워런 버핏과 점심식사를 하며 투자 인사이트를 얻는 행사지요.

버핏과의 점심식사는 가장 위대한 투자자라 불리는 그와 점심식사를 함께하는 기회를 제공하는 경매 행사로, 매년 최고액을 경신해왔지요. 그렇지만 경매액이 기부되기 때문에 자선행사의 성격도 있고 또한 버핏과의 식사가 그 정도의 가치가 있다고 생각하는 사람이 있다는 말이기도 하지요.

2020년과 2021년엔 코로나19 확산세로 점심 행사가 진행되지 않았으며 3년 만에 재개된 행사는 역대 최고 낙찰가였던 2019년의 457만 달러(약 59억 원)의 4배가 넘는 규모로 낙찰이 된 셈이죠.

어쨌든 266억 원을 내고 경매에 낙찰된 사람은 동반자 7명과 함께 뉴욕 맨해튼에 위치한 스테이크 전문점에서 점심식사를 하게 됩니다. 분명한 사실은 엄청난 돈을 내고 낙찰받은 사람은 그와의 식사가 그만한 가치가 있다고 판단했다는 것이겠지요. 이런 것을 보면서 느끼는 점은 부자를 가까이에서 지켜볼수록 부자가 될 가능성이 높다는 점입니다.

> "부자가 되려면 부자와 함께하라! 부자 옆에서 지내야 부자가 될 가능성이 더 높아진다."

그렇습니다! 부를 가까이 해야 부를 부릅니다. 그리고 가난은 절대로 사람을 행복하게 두지 않습니다. 가난은 우리를 힘들게 할 뿐 아니라 병들게 하고 종국엔 사람마저도 망가뜨리지요. 절대 곁에 가난이 어슬렁거리도록 두어서는 안 되는 이유지요.

사실 누구나 겉으로 표현은 안 해도 부자가 되기를 갈망하지요. 그런데 앞의 언급처럼 부자의 곁이 아닌 못사는 사람들끼리 모여 살면서 지지고 볶고 바글바글대며 살아도 인생 역전이 힘든 것은 대략 다음 3가지 이유 때문입니다.

첫째, 동기부여를 받을 기회가 없기 때문이다.

자기 주위의 못사는 사람들을 보면서 만족을 하거나 안주하기 때문입니다. 못사는 동네에 가보면 활기도 없지만 불만도 없습니다. 예컨대 나라별 행복도 조사에서 항상 상위권에 있는 부탄이나 방글라데시 국민들이 행복한 까닭입니다.

문제는 이런 유리 같은 행복의 멘탈은 다른 세상에 조금만 노출돼도 쉽게 깨지지요. 말하자면 그 상태로, 즉 깡촌이나 자연인으로 살아야 그 만족이 오래 지속된다는 것입니다.

둘째, 돈 벌 수 있는 정보의 부족 때문이다.

끼리끼리 모여 살기에 관심 사항이 그 수준을 벗어나지 못합니다. 예를 들어 2015년 강남의 아파트를 12억 원에 샀다면 지금은 25억 원 이상입니다. 돈도 없이 빌라에 살던 부인이 부자들 모임에 나가면서 그 빌라는 전세를 주고 6억 원을 빌려서 대치동 아파트를 샀다는 사실이 반증입니다. 이것이 정보의 힘입니다. 이는 사실상 확신이 없다면 힘든 일이지요.

셋째, 투자금, 이른바 시드머니의 차이 때문이다.

돈이 있어야 투자를 하는데 주위에 빚만 잔뜩 있거나 자금 유동성이 없는 사람들만 있다면 방법이 없는 것입니다. 자기가 돈을 가지고 있다면 다른 문제이겠으나 쉽지 않지요. 시드머니가 있어야 투자기회가 오면 과감히 지를 수 있는 것이지요.

이런 몇 가지 이유로 엄청난 돈을 내고도 버핏과의 식사를 하려는 것입니다. 그를 멘토 삼아 투자의 지혜, 삶의 지혜를 빌려 평생의 나침반으로 삼으면 그 이상의 효과를 거둘 수 있기 때문이지요. 아마도 버핏과의 대화로부터 통찰력을 얻어 조금이라도 미래를 예측할 수 있다면 적은 투자로 큰 이익을 얻는 것이겠지요.

그러면 돈이 없어서 '버핏과의 점심식사'를 할 수 없을 때는 어떻해야 할까요? 그래서 책이 있는 것입니다. 노력과 의지만 있다면 아주 적은 돈으로도 버핏과의 식사에서 얻을 통찰력을 책에서 얻을 수 있습니다.

킹 리우

'온리원'을 추구하다 보니
어느새 '넘버원'이 되었다

"자이언트는 여러분이 생각하는 모든 종류의 자전거를 만듭니다.
'현재를 결정하는 것은 바로 미래다'라는 생각으로 50년 동안 한길을 걸었더니
시장점유율, 매출액, 생산 대수 등 자전거에 관한한
모든 부분 세계 1위가 되었습니다."
– 킹 리우(자이언트 창업자)

19세기에 발명된 자전거는 인간의 힘을 동력으로 활용하는 가장 효율적인 이동수단으로 세계 곳곳에서 이용되고 있다. 최근에는 단순한 이동수단뿐만 아니라 레저, 스포츠까지 영역을 확장하여 건강한 여가시간을 즐기는 데 이용되고 있다.

한 통계에 따르면 매년 전 세계에서 약 2억 대 가량의 자전거가 생산되고 20억 대의 자전거가 이용되고 있으며, 자전거 이용자는 매년 늘어나고 있다. 자전거 전용도로 확대의 영향도 크다.

200년이 넘는 자전거 역사에 다양한 브랜드가 있었지만 현재 자전거 시장에서 뛰어난 품질과 가격 경쟁력, 생산 대수 등 모든 면에

서 전 세계 1위를 기록하고 80여 개국에 매장만 약 2만 개 정도를 자랑하는 회사가 있다. 부연 설명이 필요 없는 세계 최대 자전거 메이커 자이언트(GIANT)이다.

자전거를 잘 모르는 사람은 자이언트라는 이름이 생소할 것이다. 자전거를 어느 정도 아는 사람도 단지 '가성비가 뛰어난 브랜드' 정도로 알고 있지 그들이 가진 기술력이나 브랜드 스토리에 대해서는 잘 모른다.

하지만 다양한 종류의 자전거를 만들면서 전 세계 매출 1위를 뛰어넘어 다른 브랜드의 자전거도 주문자상표부착방식(OEM)으로 제작하는 등 뛰어난 기술력, 생산력, 연구 능력 등으로 자전거 업계에서 인정받고 있는 회사이다.

자이언트의 역사는 대만에서 시작되었다. 1972년 설립자 킹 리우(劉金標, King Liu)는 토니 로(Tony Lo)와 함께 뛰어난 품질의 자전거를 만들기 위해 자이언트를 설립한다. 창업 이래 많은 시행착오를 거치고 위기도 많았지만 1977년 전환점의 계기가 찾아온다.

당시 미국에서 가장 유명한 자전거 브랜드였던 슈윈(Schwinn)에 자전거를 납품하기 시작한 것이다. 이런 납품에서도 알 수 있듯이 자이언트는 본래 OEM에 특화된 회사였다.

그러나 1980년대 첫 OEM 고객사였던 미국 최대 자전거 회사 슈윈이 중국으로 옮겨가는 위기를 맞았고 이를 오히려 기회로 삼았다.

그 뒤 그동안 쌓아온 기술력을 바탕으로 1981년부터 본격적으로 자체 브랜드로 만들게 되는데 이 브랜드가 바로 지금의 자이언트이다.

이때부터, 즉 자사 브랜드를 부착한 자전거를 만들어 팔기 시작하면서 회사는 더욱 성장한다. 특히 1987년 세계 최초로 카본 자전거의 양산을 시작하면서 자이언트는 시장을 석권한다. 초경량 소재인 탄소섬유로 자전거를 대량 생산하면서 브랜드 인지도를 높인 것이다. 설립자 킹 리우는 말한다.

"자이언트보다 먼저 탄소섬유 자전거를 만든 업체가 있었지만 다루는 기술이 매우 어렵고 가격이 비싸기 때문에 대부분 소량 생산됐습니다. 본격적으로 탄소섬유 자전거를 대량 생산한 것은 우리가 처음입니다."

자이언트는 1980년대부터 자사 브랜드의 자전거를 유럽에서 팔기 시작했는데 브랜드를 알리는 것이 쉽지 않았다. 사이클링 역사가 훨씬 발달한 유럽에선 이미 유명한 고급 브랜드가 아주 많았기에 대만에서 온 자전거 업체를 눈여겨 본 사람들이 없었다.

그래서 기술 개발에 매진했고 남들이 못하는, 자기만 할 수 있는 최고의 자전거를 만들면 소비자들이 믿게 될 것이라고 생각했고 결과는 그대로 된다. 현재 자이언트의 전체 매출 중 70%는 자사 브랜드에서 나오고 나머지 30% 정도만 OEM 사업에서 나온다고 한다.

이렇게 대만의 작은 기업에서부터 자이언트가 세계 초일류 기업이 된 바탕에는 창업자 킹 리우 회장의 남다른 경영자 정신이 자리 잡고 있다는 게 중론이다. 리우 회장은 평소 임직원들에게 '현재를 결정하는 것은 미래'라고 강조하곤 한다.

그 말처럼 1972년 그가 창업한 자이언트는 유명 브랜드의 하청을 받아 납품하는 업체였다. 싸고 튼튼한 자전거를 만든다는 사실이 알려지며 유명업체들로부터 주문이 쏟아졌다. 사실 이쯤에서 여느 CEO 같으면 '이제는 살만하다'고 안주했겠지만 그의 시선은 10년 후를 향하고 있었다.

그는 당시에 '만약 거래처들이 하루아침에 거래를 끊는다면?'이라는 생각에 정신이 번쩍 들었다고 한다. 리우는 그때부터 자이언트를 독자 브랜드로 키워나갔다.

그의 예상은 적중했다. 얼마 지나지 않아 거래 업체들은 '생산비가 싼 중국 업체와 일하겠다'며 돌아섰다. 그 뒤로도 몇 번의 위기를 이겨낸 리우는 결국 40년 만에 자이언트를 세계 제일로 키워냈다. 리우 회장은 평소에 자주 쓰는 말이 있다.

"'수비만 해서는 골을 넣을 수 없다', '어장이 마르기 전에 물고기를 길러라', '한 번 멈춘 바퀴를 다시 돌리려면 몇 배의 힘이 든다.'"

이런 리우 회장의 어록에서 엿보이는 도전정신과 경영철학으로 인해 자이언트는 세계적인 회사로 성장한다.

리우는 1934년 대만 중부 타이중에서 태어났다. 그는 35세 때까지는 자전거와 관련 없는 장어 양식업을 했다. 그러나 1969년 태풍 엘사가 대만을 덮치는 바람에 양식장도 큰 피해를 입었다. 양식장을 포기해야 했던 리우는 몇 가지 사업을 했으나 큰 재미는 보지 못했다.

때마침 미국에서 자전거 붐이 일면서 자전거 회사들이 가격 경쟁력 확보를 위해 대만에 자전거 공장을 세우려 한다는 소식을 듣게 된다. 그는 1972년 10월 10만 달러 자금을 모아 자이언트를 창업했다. 당시 무역회사를 운영하던 토니 로는 이듬해 자신의 회사를 매각하고 부사장으로 입사했다. 기술 개발은 리우 회장이 맡고, 영업은 로 CEO가 맡는 쌍두마차 체제가 이때 시작된 것이다.

이렇게 자이언트는 처음부터 창업자이자 엔지니어 출신 킹 리우가 기술·소재 개발과 공장 운영에 집중하고, 영업과 마케팅은 토니 로가 하는 체제다. 얼마 전까지만 해도 1년에 8,000km씩 자전거를 탄다는 로는 '자전거를 타세요. 어디서 주로 타나요?'를 입에 달고 살면서 마치 자전거 전도사처럼 말하고, 실제 행동도 그렇게 한다.

"우리는 자전거를 만들기만 하는 공장이 아닙니다. 자전거를 타는 문화(사이클링 컬처)를 만들고 확산하는 데 많은 노력을 하고 있죠. 사이클링 컬처를 양산하는 것은 사람들을 정신적·신체적으로 건강하게 해줄 뿐만 아니라 자이언트에도 이익이 됩니다."

자전거 시장은 크게 봐서 보급형(저가)과 중·고급형(고가)으로 나뉜다. 수량으로 따지면 저가 제품이 많지만 매출액으로 보면 중·고가 시장 규모가 훨씬 크다. 저가 자전거와 중·고가 자전거 간의 판매가격이 적게는 10배, 많게는 100배 이상 차이가 나기 때문이다.

자이언트는 보급형 자전거 시장은 서서히 줄어들고 고급 자전거 시장은 앞으로도 꾸준히 성장할 것으로 내다봤다. 그리고 여성들의 시장 진입도 기대된다고 한다. 당연히 그런 시장의 흐름에 맞추는 마케팅을 펼친다.

예컨대 고급 자전거 업체 중 여성용 자전거를 만든 것은 자이언트가 처음이라고 한다. 여성은 남성과 체형이 다르고 근육도 다르고 자세도 크게 다른데, 자전거 업계는 수십 년 동안 남성용 자전거를 조금 작게 만들어 여성들에게 팔아왔다는 것이다.

사실 여성용 자전거를 따로 개발하는 건 수지가 맞지 않기 때문에 제조업체에는 관심 밖이었다. 하지만 자이언트는 사이클을 즐기는 여성들이 급격히 늘고 있다는 점에 착안해 여성의 몸에 맞춘 자전거를 개발한 것이다. 어쨌든 이런 노력들이 쌓여 OEM 업체로 시작한 자이언트는 지금은 전 세계 1위 업체가 된 것이다.

"우리는 '넘버원'이 목표였던 적은 한 번도 없습니다. 자이언트는 50년 간 단 하나뿐인 독창적인 회사가 되자는 '온리원'을 추구했습니다. 신 제품을 많이 개발하고 기술도 개발하고 다른 자전거 업체들이 제공하 지 않는 여러 서비스와 제도를 도입했습니다."

'온리원'이 가능해지기 위해서는 뒷받침할 수 있는 기술이 필요하 다. 자이언트에선 십여 년의 훈련을 거친 숙련공만 고난도 기술을 수반하는 하이엔드 자전거를 만들 수 있다고 한다. 이렇게 만들어진 자전거는 수백만 원대부터 수천만 원에 팔려나간다.

또한 자이언트가 제품을 만들어주는 회사 역시 대단한 회사들이 다. 산악자전거(MTB)로 유명한 미국 1위 고급 자전거인 트렉(Trek), 이탈리아 명품 자전거인 콜나고(Colnago), 스키 장비로 시작해 고급 자전거 브랜드로 자리 잡은 스위스 업체 스캇(Scott) 등의 자전거도 제조한다. 일반적인 자전거가 아닌 고급 브랜드들이다.

라이벌들이 막강하기에 자이언트는 '온리원'을 하기 위해서 다른 업체들에 비해 소비자에게 사이클링 문화를 전파하는 걸 유독 강조 한다. 일종의 차별화 정책이다. 사실 자전거 산업은 진입 장벽이 높 지 않기 때문에 기술이 쉽게 따라 잡힐 수 있고, 가격 면에서도 더 저 렴한 업체와 경쟁해야 할 때가 많다.

이러한 때 매장을 통한 충성 고객 확보의 가장 큰 장점은 소비자로 부터 얻은 피드백이 제품 혁신으로 이어질 수 있다는 것이다. 이렇게 자이언트는 '경험'과 '문화'라는 키워드로 마케팅을 펼치며 주요 자전거 대회를 후원하는 걸 제외하곤 광고나 홍보를 거의 하지 않는 것이 특징으로 꼽는다.

"어느 날 갑자기 아침에 일어나서 1,000만 원짜리 자전거를 사야겠다고 마음먹는 사람은 없습니다. 보급형 자전거부터 시작해서 점점 더 비싼 자전거를 찾는 것이 자연스러운 소비 성향입니다. 다른 제조사들과 크게 차별화할 수 있는 요소는 바로 소비자와 만나는 접점입니다."

자이언트의 매출은 매년 늘고 있다고 한다. 한편에서는 포화 시장이라고도 하나 그들이 보는 자전거 산업 경기는 낙관적이다. '자전거 역사는 약 240년 정도 됐는데 처음엔 단순한 이동수단으로 여겨졌기 때문에 보급형 자전거가 많이 생산됐다.

한편으로는 일반인들도 누구나 사이클링을 즐길 수 있게 되면서 중·고가 자전거 시장이 계속 커지고 있다. 이런 시장의 흐름에 자이언트는 잘 적응하고 있다는 평가다.

처음 설립됐을 때만 해도 사이클링 문화는 미미했는데 시간이 흐르면서 소비자들의 트렌드가 바뀐 것이다. 그 결과 요즘엔 자전거를 건강한 취미이자 사교활동으로 보고 진지하게 즐기는 사람이 세계적으로 계속 늘고 있다. 이런 흐름을 선도한 덕에 자이언트 같은 고급 자전거 업체들은 성장세에 편승할 수 있는 것이다.

"자전거를 타는 사람들은 일단 한번 자전거에 입문하면 점점 더 욕심이 생깁니다. 더 가벼워야 하고, 더 멀리 가야 하고, 또 안 가본 곳을 가봐야 하죠. 그래서 몇 년 타다가 보면 더 좋은 자전거로 업그레이드를 하게 됩니다."

건강과 스포츠에 대한 관심이 커질수록, 트렌드가 계속되는 한 사이클링 산업은 지속적으로 성장하게 되어 있다는 것이다. 더 나아가 앞으로도 당분간 성장세가 이어질 것으로 본다는 것이다.

모든 자전거 브랜드의 꿈은 '더 가볍고, 더 강하고, 더 빠른 자전거'이다. 자이언트가 비약적인 성장을 할 수 있었던 배경에는 끊임없는 기술 혁신으로 그 꿈을 이룬 데 있다. 1987년에 세계 최초로 대량 생산이 가능한 탄소(카본)섬유 자전거 프레임을 만든 것이다.

자전거의 몸체인 프레임은 철, 알루미늄, 크로몰리 등으로 만들 수 있는데, 카본 프레임은 가벼운 무게와 높은 강성을 동시에 확보할 수 있어 고급 자전거에 두루 쓰인다. 일례로 사이클 프로선수들도 대회 때에는 대부분 카본 프레임을 사용한다. 세계자전거연맹의 무게 제한인 6.8kg은 물론 그보다 더 가볍게 만들 수 있다고 한다.

업계를 리드하는 회사로서 자이언트 스스로 더 좋은 기술을 개발하는 것도 중요하지만 전체적인 자전거 시장의 파이를 늘리는 것도 중요할 것이다. 전체 시장이 커지면 고객사도 성장하고 소비자도 많아져 모두에게 좋은 것이라는 의미이다. 업계가 같이 성장해야 하는 이유는 자전거 산업의 특징 탓이기도 하다.

> "자전거는 그 역사가 약 240년 정도 됐지만 더 편하고, 더 가볍고, 더 효율성이 높은 자전거를 만들려는 연구개발(R&D)은 계속될 것으로 봅니다. 자전거는 아쉽게도 100% 자동화로 생산할 수가 없는 제품입니다. 사람 손이 많이 필요하죠."

창업자 리우 회장은 〈뉴욕타임스〉 인터뷰에서 '자전거를 많이 파는 것보다 사람들이 건강하게 자전거를 계속 탈 수 있게 하는 게 내 목표'라고 말한다. 그 목표를 위해서 여러 가지 시도를 한다.

그중에 자이언트가 글로벌 1위로 올라가는 데 효자이자 자랑하는 마케팅 방법이 '경험중심적 매장'이다. 사실 신제품 개발과 기술개발도 좋고 여러 서비스도 제공하지만 지속적으로 소비자들과 관계를 맺고 오랫동안 관계를 유지해야 충성 고객으로 남는 것이다. 매장에도 이런 정신을 반영한 것이 이 회사의 경험중심적 매장이다.

이런 매장을 통해 자이언트가 강조하는 콘셉트가 소비자에게 전달된다. 이곳을 통해 자이언트 영업사원들이 소비자에게 '최고의 사이클링 동반자'가 될 수 있도록 경험을 가르치고 또 공유한다. 그러면 어떤 프로세스로 진행되는 것일까?

첫째, 소비자들에게 적합한 자전거를 찾아줄 수 있다.

자전거를 처음 구매하는 소비자들은 매장에 와서 수많은 자전거를 보고 선택의 어려움을 느끼게 된다. 사람마다 자전거 용도와 개인 취향, 체형별로 타야 하는 자전거 종류가 다르지만 무엇을 타야 할지 잘 모르는 것이 당연하다.

그런 때는 '① 어디서 탈지'를 먼저 정한다. 일반 포장도로, 공원이나 산악지대, 비포장도로 등이다. 다음으로는 '② 목적'을 정한다.

가령 가벼운 레크리에이션용인지, 체력 단련을 위한 스포츠용인지, 아니면 정말 빠른 속도나 고도의 성능을 내는 퍼포먼스용인지 결정한다. 이렇게 되면 소비자의 조건과 환경에 가장 부합하는 자전거를 추천해줄 수 있게 된다.

둘째, 사람에 맞춰 '피팅'을 제대로 해줄 수 있다.

사람마다 신체조건, 즉 팔다리 길이가 다르고 자세가 다르기 때문에 '피팅(fitting)'이라는 과정이 매우 중요하다. 이때 자이언트는 자전거를 구매하면 몸에 맞게 조절해주고 올바른 자세로 자전거를 탈 수 있도록 자세를 잡아주는 것이다.

셋째, 소비자와 같이 자전거를 타보는 기회를 제공한다.

자동차로 보면 시승을 넘어서 시내연수쯤 되는 과정이다. 처음 자전거를 타기 시작하면 길도 잘 모르고 어디까지 가야 할지 몰라서 헤맬 수 있는데 자이언트는 제품 선택부터 구매, 그리고 사이클링 경험까지를 모두 제공한다.

실제로 자이언트에선 CEO뿐만 아니라 전 직원이 매년 함께 자전거를 타고 소비자들을 위한 '사이클링 여행'을 떠나고 당연히 이에 공을 들인다. 직원들이 몸소 실천하고 소비자들이 직접 체감할 수 있는 홍보 전략을 짜보는 것이다.

이때 자이언트 본사 직원들은 특별한 일이 없다면 매년 자전거를 타고 대만을 한 바퀴씩 도는데 그 거리가 1,000km에 달한다고 한다. 이렇게 보면 그들의 다음 얘기가 과장으로 들리지 않는다.

"자전거라는 상품이 소비자들에게 자전거 한 대만 팔고 끝나는 게 아닙니다. 우리는 지속적으로 소비자들과 관계를 맺고 자전거 타는 문화를 퍼뜨리고 싶습니다. 매장에도 이런 정신을 반영했습니다. 문화를 체험한 소비자는 오랫동안 충성 고객으로 남을 것입니다."

인생의 리버스 스윕은
가능한가?

:

"세상은 결코 따스한 햇살과 무지개로만 채워져 있지 않아.

버티지 않으면 평생 무릎 꿇은 채로 살아야 하지.

인생은 난타전이야. 얼마나 강력한 펀치를 날리느냐가 아니라

끝없이 맞으면서도 조금씩 앞으로 나아가는 게 중요한 거야."

– 영화 〈록키〉

테드 터너는 CNN을 통해 격변하는 세계정세를 일체의 가공 없이

24시간 뉴스를 전하는 통로를 만들어냈을 뿐 아니라

사건 자체를 만들어내는 강력한 힘을 창조했다.

★ ☆ ★ ☆

Have a nice day [12]

오늘은 리버스 스윕(Reverse Sweep) 얘기를 해볼까요.

이것은 '포기하지 않으면 이긴다'는 것으로, 끈질기게 승리를 쟁취하는 것이지요. 예컨대 7전 4승제 승부에서 1~3차전을 지고 나머지 4~7차전을 내리 이기면서 승부를 역전하는 것 등을 '리버스 스윕'이라고 말하지요. 중요한 것은 스포츠를 벗어나 삶, 즉 '인생의 리버스 스윕은 가능한가?'라는 화두에 대한 답일 것입니다.

1973년, 미국 프로야구에서는 뉴욕 메츠가 시카고 컵스에 무려 9.5게임 차로 뒤진 지구 최하위를 달리고 있었습니다. 너무 승차가 커 정상적이라면 상황을 반전시킬 가망은 전혀 없었지요.

그때 한 기자가 메츠의 감독에게 다가가서 물었습니다.

"이번 시즌은 여기서 끝인가요?"

그러자 뉴욕 메츠의 감독이자 그 자신 전설적인 야구선수였던 요기 베라(Yogi Berra)가 이렇게 대답합니다.

"끝날 때까지는 끝난 게 아니다(It ain't over till it's over)."

그리고 그 말처럼 도저히 힘들 것 같았던 시카고 컵스와의 게임 차를 뒤집고 결국 우승을 차지합니다. 기자의 질문에 포기하지 않고 다시 도전한다는 그의 답변은 현재까지 야구뿐만 아니라 모든 스포츠와 사람의 인생에도 통용되는 가장 유명한 명언으로 꼽힙니다.

그 극명한 사례가 '2023 항저우 아시안게임'에서 있었습니다.

한국은 롤러스케이트 남자 스피드 3,000m 계주에서 우승, 즉 금메달을 예약하고 있었지요. 이날 한국이 금메달을 목에 거는 것은 당연해 보였는데, 그것은 이미 앞서 남자 스프린트 1,000m에서 금메달과 은메달을 따낸 최광호 선수와 정철원 선수가 속해 있었기 때문입니다. 예측대로 시작은 순탄한 듯했습니다.

경기 시작과 동시에 한국은 변함없는 실력을 자랑했습니다. 경기 막판까지 좋은 분위기를 이어간 한국은 마지막 바퀴를 돌 때에도 선두를 달리며 금메달에 한 걸음 다가간 듯했습니다.

그러나 안일한 마무리가 발목을 잡았습니다. 마지막 주자 정철원 선수가 우승으로 판단, 결승선을 앞에 두고 두 팔을 들어 우승 세리머니를 펼친 것입니다. 그 찰나, 대만 황위린 선수가 왼발을 쭉 뻗어 한국보다 먼저 결승선을 통과한 것입니다. 결국 1위 자리를 대만에 내주며 금메달을 헌납한 것입니다.

우승을 눈앞에 뒀다는 순간의 방심이 메달 색을 바꾼 것이지요. 마지막 종료 휘슬이 울려야 끝나는 것이 경기인데, 마치 리허설이라도 하는 듯 예약(?) 금메달 세리머니를 하다가 대만에 역전당한 것입니다. 한국이 4분 5초 702를 기록한 반면, 대만은 4분 5초 692로 그 차이는 불과 0.01초였습니다.

반면 마지막까지 포기하지 않은 대만 선수는 결승선 앞에서 왼발을 쭉 내미는 플레이, 즉 극적인 '발 내밀기'로 대역전 드라마를 쓰게 됩니다. 그 결과 한국에 단지 0.01초차로 앞서며 금메달의 주인공이 된 것입니다.

마지막까지 최선을 다한 결과 '간발의 차이'도 안 되는 '눈 깜빡할 시간보다도 훨씬 적은 차이'로 대만은 한국으로부터 금메달을 빼앗아간 것입니다. 수상식 직후에 황위린 선수는 당시 상황을 설명하며 이렇게 말했습니다.

"상대가 이미 축하하는 분위기라는 것을 알았다. 한국이 세리머니를 하고 있을 때 나는 계속해서 싸우고 있었다. 불과 몇 미터 남지 않은 시점이었다."

이날 경기가 끝난 뒤 정 선수는 고개를 들지 못하고 "마지막까지 최선을 다했어야 하는데 방심해서 실수를 했다"며 "함께 노력한 동료들에게 정말 미안한 마음이고 응원해준 많은 분들에게도 죄송하다"고 했다는데 이미 기차는 떠난 뒤였지요. 메달 색을 바꾼 '김칫국 세리머니'인 셈인데, 결국 마지막까지 최선을 다하지 않은 대가는 너무나 혹독합니다.

이와 반대의 경우도 있습니다. 같은 항저우 아시안게임 태권도에서 장준 선수는 정확히 반대로 함으로써 금메달을 차지합니다.

한국 태권도 겨루기의 에이스인 장준 선수는 경기 시작부터 승승장구하면서 결승까지 진출합니다. 드디어 금메달이 걸린 결승전이 시작되고 1라운드에서 14초를 남기고 상대에게 머리 공격을 허용해 5 대 4까지 쫓겼지만 라운드 종료 휘슬까지 그대로 리드를 지키며 간신히 1라운드를 가져옵니다.

그러나 2라운드 시작과 함께 장준 선수는 감점에 이은 몸통 공격 허용으로 0 대 3으로 끌려갑니다. 종료 5초를 남기고 패색이 짙었지만 장준 선수는 최선을 다합니다. 그의 머리 공격이 비디오 판독 끝에 3득점이 인정돼 4 대 4 동점이 됩니다. 그리고 불과 0.7초를 남긴 상태에서 상대 선수가 감점을 당함으로써 장준 선수는 5 대 4로 금메달의 주인공이 됩니다.

이해되시나요? 불과 0.7초를 남기고 승패가 바뀌는 결과가 된 것입니다. 장준 선수는 방심하지 않았기에 금메달의 주인공이 되었고, 롤러스케이트 팀은 순간적인 방심으로 일생일대의 기회를 놓친 것입니다. 일부러 그런 것은 아니겠지만 어느 한순간도 방심하거나 포기한다면 망가질 수 있다는 명백한 증거입니다.

또한 0.01초나 0.7초에서 보듯 사소한 것이 절대 사소하지 않다는 교훈이며 이는 경기뿐만 아니라 우리의 인생, 즉 삶 자체가 끝날 때까지는 끝난 게 아니라는 것의 반증입니다. 두 가지 사례만 봐도 다음 격언은 증명됩니다.

"끝날 때까지, 마지막 종료 휘슬이 울릴 때까지는 끝난 게 아니다."

마지막까지 최선을 다한 끝에 결과를 뒤집는 상황을 '리버스 스윕'이라고 합니다. 예컨대 앞의 뉴욕 메츠처럼 도저히 이길 가능성이 없는 상황에서 승부를 뒤집는 것을 말합니다. 최근 우리나라에서도 재연이 되었지요.

2023년 4월, 여자배구 챔피언 결정전에서 한국도로공사가 김연경 선수가 있는 흥국생명을 꺾고 우승을 차지한 것이지요. 물론 스포츠 경기니까 우승도 할 수 있다고 편하게 생각할 수 있을 것입니다.

그런데 이 우승이 대단한 이유는 따로 있습니다. 5전 3승제에서 1·2차전을 지고 나머지 3·4·5차전을 내리 이기면서 승부를 역전한 것, 이른바 '리버스 스윕'을 달성한 최초의 팀이기 때문입니다.

지금까지 배구 역사에서 남자부에서 9번, 여자부에서 5번 등 1·2차전을 이긴 팀이 단 한 번도 예외 없이 최종 우승을 차지했는데, 이날 한국도로공사는 그 '0% 확률'을 뒤집은 것이지요.

처음 시즌이 시작될 때만 해도 한국도로공사는 7팀 중 6위 정도로 평가되었고, 더구나 이미 1·2차전을 지고 있는 상태이므로 이것을 앞선 배구 역사에 대입해 보면 '우승 확률 0%'에서 기적적으로 승부를 뒤집고 우승을 차지한 것이지요.

2패를 안고 있는 상황에서 단 1게임이라도 지면 끝인 경기들을 역전에 역전으로 모두 승리한 것으로, 한마디로 역스윕(리버스 스윕)을 달성한 것인데 이는 거의 기적에 가깝지요. 거짓말 같은 우승인데 평소 언급했던 대로 말이 씨가 되었네요.

"지고 있다가 뒤집어 이기는 게 우리 팀 스타일이고, 끝까지 포기하지 않는 것이 우리 팀 색깔이다. 우리는 항상 승부를 뒤집을 수 있는 팀이다."

사실 한국도로공사가 월드클래스 공격수이자 시즌 MVP인 김연경 선수를 앞세운 흥국생명을 누르고 우승할 거라고는 누구도 예상하지 못했는데 그 기적이 일어난 것이지요. 최초의 리버스 스윕만으로도 한국도로공사의 우승은 진심으로 축하받을 만한 내용이지요.

말 그대로 끝날 때까지는 끝난 게 아니며 '포기하지 않으면 이긴다'는 리버스 스윕의 사례입니다. 또 흔히 '승부는 9회 말 2아웃부터'

라는 말들을 많이 합니다. 공 하나로 게임이 끝날 수 있는 상황에서도 끝까지 포기하지 않으면 언제든 역전할 수 있는 기회를 맞이할 수 있다는 의미입니다.

당연한 얘기로 스포츠에서는 근성이 없다면 결코 자신의 목표를 달성할 수 없습니다. 그러나 어차피 근성을 발휘해야 한다면 그 근성을 제대로 사용해야 하지 않을까요?

근성을 제대로 사용하기 위해서는 흔히 말하는 '올바른 사고방식'이란 덕목을 이해해야 하지요. 말하자면 올바른 사고방식이 승리를 낳는다는 의미입니다. 뜬금없이 사고방식을 강조하는 것은 열심히 연습하는 것만으로는 부족하기 때문입니다. 단지 연습만을 열심히 해서는 승리할 수 없습니다.

승리를 얻기 위해서는 기술과 마찬가지로 사고방식도 습관화되어야 합니다. 예를 들면 전력을 다하는 자세가 필요하다고 해도 평소에 그런 사고방식이 몸에 배어 있지 않다면 실전에서 제대로 실천할 수 없습니다. 잠재의식에서 나오도록 연습을 하는 것이지요.

비즈니스 역시 마찬가지입니다. 쉽지 않은 사업 환경이지만 용기를 내어 도전하다 보면 꿈을 이룰 수 있습니다. 말하자면 '사업의 리버스 스윕'은 충분히 가능한 것이지요. 더구나 이는 스포츠뿐만 아니라 비즈니스, 우리의 인생에도 통용되는 덕목이죠.

"비록 일시적인 어려움에 직면해도 포기하지 않고 끈기 있게 도전하다 보면 사람의 인생에도 '리버스 스윕'은 반드시 재연이 됩니다."

흔히 '재능은 타고나야 하지만 끈기는 기를 수 있다'고 합니다. 이 것은 쉽지 않은 삶의 길에 희망을 주기에 충분합니다. 인생의 여정 은 쉽지 않습니다. 더구나 성공과 성취를 이루기 위해서는 우리가 가지고 있는 재능보다 더 큰 노력과 인내를 필요로 합니다.

이 부분의 이해를 위해 연구 사례를 볼까요. 심리학자인 앤젤라 더 크워스(Angela Duckworth) 박사는 어릴 적에 아버지로부터 심리적인 학대를 받으며 성장합니다. 꼭 부모가 아니라도 주변에서 박사가 들은 이런 얘기를 들어본 사람이 많을 것입니다.

"사람은 재능이 있어야 성공할 수 있는데, 너는 머리가 나쁜 편이니 성 공하기가 어려울 거다."

당연히 그녀는 상처를 크게 받았습니다. 그리고 그 말이 틀렸음을 증명하고 싶었습니다. 시간이 흘러 그녀는 '재능이 없어도 성공할 수 있다'는 가설을 세우고 연구를 시작합니다.

하버드대학교에서 학생 130명에게 5분 동안 전속력으로 러닝머신을 뛰게 하는 실험이었습니다. 이후 40년간 그들을 추적 조사했고, 그들이 60대가 되었을 때 연구 결과를 발표했습니다. 그것은 직업만족도, 행복도, 연봉 등에서 성취가 유난히 높은 소위 '성공한 사람'이라 할 수 있는 사람들의 공통점이 '더 이상 뛰기 힘들다고 생각했을 때에 몇 걸음이라도 더 뛴 사람들'이었습니다.

학생뿐만이 아니었습니다. 군인, 교사, 직장인 등을 대상으로 한 연구에서도 같은 결과가 나왔습니다. 그녀는 이 연구로 '창의적이고 잠재력이 우수한 사람'에게 주는 '맥아더상'을 받았습니다. 그녀는 수상 소감에서 이렇게 말했습니다.

"성공에는 재능이 필요합니다. 하지만 '재능은 타고나야 하나, 끈기는 기를 수 있다'는 사실이 더 중요합니다."

그러면 끈기를 가지고 도전하여 꿈을 이룬 실제 사례, 즉 인생의 리버스 스윕 몇 가지를 볼까요.

캐나다 출신인 짐 캐리(Jim Carrey)는 영화배우로 성공하겠다는 청운의 꿈을 안고 미국 LA 할리우드로 갑니다. 하지만 당시 짐 캐리는 무명이었고 너무나 가난했습니다. 한동안은 집도 없이 지내야 했으며 일거리가 없어서 버려진 차 안에서 잠을 자고, 세수도 빌딩의 화장실이나 공중화장실에서 해야 했습니다. 매 끼니를 햄버거로 때웠다고 할 정도로 길고 지루한 무명시절을 보냅니다.

처음에는 배역 하나 맡지 못해 여기저기 촬영장을 기웃거리던 그는 겨우 몇몇 단역을 맡게 됩니다. 그렇지만 계속되는 무명생활에 지친 짐 캐리는 우울증에 걸리기도 합니다. 그러던 어느 날 그는 중대한 결정을 내립니다.

"이렇게 하루하루를 지내는 건 무의미해. 말 그대로 살아있을 뿐이잖아. 무언가 미래에 대해 생각해 봐야겠어. 내 스스로 나에게 힘을 북돋아줄 무언가가 없을까?"

그때가 1990년인데 어느 날 그는 차를 몰고 도시를 한눈에 내려다볼 수 있는 할리우드에서 가장 높은 언덕으로 올라갑니다. 그리고 도시를 바라보다가 수표책을 꺼내 스스로에게 1,000만 달러를 지급한다는 내용의 수표에 서명을 합니다. 자신이 발행인이자 수신인으로 지급 일자는 5년 뒤인 1995년 추수감사절이라고 적습니다. 그리고 그 수표를 5년 동안 지니고 다닙니다.

당시 그는 꼭 스타가 되어야겠다는 일념으로 무장되어 있었고, 스스로에게 쓴 1,000만 달러짜리 수표를 지갑에 넣고 다니면서 꼭 1,000만 달러를 받는 배우가 되고 말리라는 다짐을 한 것입니다.

아마도 그는 5년의 세월 동안 틈틈이 이 수표를 꺼내보면서 이미 지네이션을 하고, 스스로 1,000만 달러 개런티의 배우가 되겠다고 다짐하고 또 노력했을 것입니다.

이후 그는 1993년 영화 〈에이스 벤추라〉를 시작으로 짐 캐리라는 이름을 서서히 알려나가기 시작합니다. 그러곤 영화 〈마스크〉를 통해 확실한 스타로 올라서면서 드디어 1995년이 되었을 때는 〈덤 앤 더머〉로 700만 달러의 개런티를 받는 대스타가 됩니다.

더 놀라운 일은 자신과 약속한 꿈이 1995년 추수감사절에 이루어졌다는 사실입니다. 바로 영화 〈배트맨 포에버〉로 1,000만 달러의 개런티를 받으면서 그의 황당한 꿈은 현실이 됩니다.

결국 짐 캐리의 사례는 '인생은 맘먹은 대로 된다' 혹은 '인생의 리버스 스윕'은 재연될 수 있다는 반증입니다. '끝날 때까지 포기하지 않아야 된다'는 메시지로 더 편하게 얘기하면 이렇습니다.

"인생의 크기는 어떤 꿈을 꾸느냐에 따라 달라진다."

흔히들 고래를 잡으려면 고래가 있는 큰 바다로 나가야 한다고 말합니다. 멸치가 득실득실한 근해에 백날 그물을 던져봐야 잡히는 것은 멸치뿐이기 때문입니다. 그러므로 기왕이면 원대한 꿈을 가지라는 충고입니다. 이 부분을 다른 사례에서 볼까요.

가령 여기 골프선수가 있다고 해볼까요. 이른바 '빅 리그'를 목표로 골프를 시작하는 선수와 그렇지 않은 선수는 결과에서 차이가 날 것입니다. 당연하지만 큰 무대를 꿈꾸는 선수는 경쟁에서 살아남기 위해 뼈를 깎는 각고의 노력을 아끼지 않기 때문이지요.

대표적인 선수가 '한국산 탱크'라는 최경주 선수입니다. 그는 가난했던 연습생 시절부터 미국프로골프(PGA) 투어를 목표로 하루에 2,000여 개의 공을 때려냈다고 합니다. 많은 사람들이 젊은이의 객쩍은 호기 정도로 여겼지만 그는 묵묵히 자신의 길을 갔고, 마침내 통산 8승을 거두며 PGA 투어 정상급 선수로 자리매김합니다. 아주 멋지게 '인생 리버스 스윕'의 주인공이 된 것입니다.

앞의 짐 캐리, 최경주 선수의 사례에서 보듯 요기 베라가 얘기한 'It ain't over till it's over(끝날 때까지는 끝난 게 아니다)'라는 멋진 경구(警句)는 두 가지 의미로 해석해 볼 수 있을 것 같습니다.

첫째, 지금 상황이 좋더라도 혹은 좋지 않더라도 기대하는 결과가 최종적으로 나타날 때까지 방심하지 말고 긴장을 늦추지 않아야 한다.

둘째, 지금 실패할 것 같아 좌절하고 힘들지만 끝날 때, 즉 마지막에는 만회할 수 있고 성공할 수 있으므로 최선을 다해야 한다.

사실 요기 베라의 경구는 입속으로 중얼거리거나 타인에게 툭 내던짐으로써 흔들리는 자신의 심리상태를 안정시키는 주문과 같습니다. 그 경구에 대한 나름의 해석 중에서 두 번째가 마음에 들기는 합니다. '만회할 수 있고 성공할 수 있다'는 언급처럼 지금은 밀리지만 막판에는 뒤집을 수 있다는 것으로 용기를 주지요.

물론 최선을 다하지만 뜻과 다르게 좋지 않은 중간 결과가 나타날 때에 더 위로가 되지요. 아마 이런 다짐이 될 수 있지요.

"지금은 비록 비루하고 누추하지만 내 인생은 아직 끝나지 않았다. 현재는 시작에 불과하다. 마지막 결말의 순간 웃을 수 있을 테니까."

이 정도 되면 충분히 마법의 주문이 될 수 있을 것입니다.

이 장을 마무리할 즈음 놀라운 소식이 전해졌습니다. 정말 충격적이기까지 한 일이 발생했는데, 이 장의 주제를 선명하게 해주는 소식이군요. 앞에서도 인용한 2023 항저우 아시안게임 롤러스케이트 경기에서 우승 예약(?) 세리머니를 하던 한국 대표팀을 밀어냈던 대만의 황위린이 똑같은 일을 당했다는 뉴스입니다.

당시 대만팀의 마지막 주자였던 그는 끝까지 포기하지 않고 따라붙어 0.01초 차이로 역전 우승하여 금메달을 가져갔었지요. 이때 황위린은 "나는 끝까지 포기하지 않았다"라고 하여 세계적으로 알려지게 되었고, 한국팀은 그야말로 대망신을 당했었습니다.

그런 그가 아시안게임이 끝나자마자(2023. 10. 13) 자국에서 열린 전국체전 1,000m 경기에서 결승전 통과 직전 우승 세리머니를 하다 역전당해 우승을 놓쳤다고 합니다. 그가 결승선을 앞두고 두 주먹을 불끈 쥐며 승리를 만끽하는 사이 뒤따르던 2위 선수가 왼발을 들이밀어 역전승을 일궈낸 것이지요. 1위와 2위의 차이는 불과 0.03초였다고 합니다.

역전승 주역에서 역전패의 주인공이 된 것인데 '끝날 때까지는 끝난 게 아니다'와 '초심을 유지하는 것이 정말 중요하다'는 교훈이군요. 항저우 아시안게임 당시에 '대단한 선수다', '진짜 끈기 있다', '포기를 모르는 위대한 선수다' 등의 극찬을 받았던 선수가 어느 순간 초심을 잃고 다 잡은 우승을 놓친 것으로 매사에 '마음가짐'이란 게 정말 중요하다는 반증입니다.

사실 우리가 직면하고 있는 삶의 환경이 점점 더 열악해지고 있습니다. 경쟁은 치열하고 더구나 한 개인이 어쩔 수 없는 이유들로 쉽지 않은 인생길입니다.

그렇지만 혹시 살면서 지금이 가장 힘든 시간이라고 하더라도 마침표를 찍기 전까지 좌절과 포기는 아직 이릅니다. 리버스 스윕이 기다리고 있기 때문입니다. 물론 그것은 쉽지 않습니다. 그렇지만 어느 순간 반드시 재연될 수 있는 것이기도 합니다.

우리의 삶의 과정은 만만치 않습니다. 그런 이유로 용기를 잃지 말고 '끝날 때까지는 끝난 게 아니다'를 가슴 깊이 새겨야 합니다.

테드 터너

이끌거나, 따르거나,
아니면 옆으로 비켜서라

"나는 한 개인이 평생에 이룩하는 업적에서 사상 최고 기록을 수립할 작정입니다.
그렇게 해서 알렉산더 대왕, 나폴레옹, 간디, 예수, 모하메드, 부처,
워싱턴, 루스벨트, 처칠과 견줄 만한 훌륭한 인물이 될 겁니다."
– 테드 터너(CNN 창설자)

그는 한참 열정적으로 활동하면서 자기가 죽은 후의 묘비명(깨우지 마라, 더 할 말이 없다)을 미리 만들어놓은 사람, CNN으로 24시간 뉴스 시대를 연 사람, 세계 24번째 부자, 그러면서도 자기 차를 스스로 운전하고 집에서는 에어컨을 틀지 않으며 회전문 밑에 떨어진 동전을 줍다가 다칠 뻔한 적이 있다.

또한 자기 재산의 4분의 1에 해당하는 10억 달러를 한 번에 UN에 기부한 큰손, 인류의 더 큰 이익을 위해 20억 인구를 멸종시켜야 한다고 주장하는 등 이 사람(테드 터너)을 수식하는 표현은 끝이 없다.

과연 CNN 창설자 테드 터너(Ted Turner)의 꿈과 도전은 어디까지

이며 그가 이르고자 하는 곳은 어디일까?

여러 해 동안 자기는 '뉴스를 증오'하며 '뉴스는 사람들을 기분 나쁘게 만드는 악'이라고 공언했었다. 그런 그가 1980년에 세계에서 가장 영향력이 큰 TV 뉴스채널인 CNN(케이블 뉴스 네트워크)을 창설했으며, 그로부터 세계 최대의 언론기업인 타임워너의 오너가 된다.

농부 집안의 아들로 태어난 테드 터너는 아이비리그 대학인 브라운대학교를 중퇴하고 아버지의 회사에서 사회생활을 시작한다.

1963년 아버지가 경영난으로 자살한 후 테드는 도산 직전의 가업을 이어받아 흑자 경영으로 되돌리는 데 성공했다. 그는 아버지의 자살을 지켜보며 본격적인 사업가의 길에 뛰어든다.

테드의 업적으로는 단연 CNN 설립을 들 수 있다. 당시만 해도 뉴스는 메이저 언론, 즉 뉴욕에 위치한 3대 방송사(NBC, ABC, CBS)의 전유물이었다. 백악관 출입도 이들만이 가능했던 시절이었다.

이런 상황에서 뉴스를 증오하던 그가 24시간 뉴스채널을, 심지어 조지아주 애틀랜타라는 변방에서 도전장을 내민 것이다. 업계 종사자들은 '누가 하루 종일 뉴스를 보겠느냐?'며 비웃었다. 당시의 상황으로 그런 비웃음은 당연했다.

하지만 테드는 확신했다.

"뉴스는 만드는 것이다. 뉴스란 단지 일어났던 일을 전달하는 것으로 끝나는 게 아니라 지금 일어나고 있는 일을 전달하는 것이다. 나는 CNN으로 세계를 움직일 것이다."

첫 해는 적자를 면치 못했다. 운영비를 줄이고자 별의별 프로그램을 다하다 보니 '닭고기 국수 뉴스(Chicken Noodle News)'라는 오명을 얻기도 했다. 그럼에도 테드 터너는 뚝심으로 버텼고 1991년 그의 예상이 정확하게 맞아떨어지는 계기가 찾아온다. 걸프전이 시작되면서 전쟁 생중계로 사람들은 CNN에 주목하기 시작한 것이다.

창업 후 1985년까지 7,700만 달러의 적자를 기록하며 '유선방송 뉴스 프로는 적합하지 않다'는 평가까지 받던 CNN은 명실상부 세계 최대 뉴스 매체로 등극한 것이다. 격변하는 세계정세를 일체의 가공 없이 전달한 덕분이다. 드디어 테드는 1991년《타임》지가 뽑은 '올해의 인물'에 선정된다. 그는 '목표'라는 말을 가장 많이 한다.

"목표를 잡아라, 그것도 평생 이룰 수 없을 정도로 높게 잡아라!"

그의 말처럼 무모해 보이는 목표의식과 겉모습을 한 꺼풀 벗겨보면 그는 분명히 TV 산업을 변모시킨 개척자이며 몽상가이기도 하다. 테드는 CNN을 통해 전 세계에 뉴스를 전하는 통로를 만들어냈을 뿐 아니라 사건 자체를 만들어내는 강력한 힘을 창조했다. 이전과는 다른 뉴스의 정형을 만들어낸 것이다.

다른 사람들 같으면 그 정도로 만족했을 터이지만 테드는 만족하지 않았다. 그는 스스로를 몰아붙이고 끊임없이 개혁함으로써 다른 사람들 같으면 여러 세기가 걸렸을 업적을 이룩했다. 그의 행보는 전형적인 미국인다운 모습을 보여준다.

아주 재미있는 것은 그가 자주 세계 평화를 역설하지만 아이러니하게도 CNN은 폭력사태나 전쟁이 터질 때마다 큰돈을 벌어들이고 있다. 이 모순 덩어리의 활동적인 미디어 황제는 항상 움직여야 하며 그에게는 따분한 것이 가장 큰 죄악이라고 한다. 그래서인지 그는 꿈을 언급하면서 이렇게 얘기한다.

"자기 능력 이상의 목표를 설정하라. 그러면 언제나 열심히 살게 된다. 나는 개인이 한평생에 이룩하는 업적에서 사상 최고 기록을 수립할 작정이다. 기대해도 좋다."

그의 아내 제인은 지나치게 과장이 심하고 선민의식에 꽉 찬 자기 남편의 추진력이 어디서 오는가를 이렇게 설명한다.

"테드는 대단한 자아의 소유자입니다. 그이는 성공에 만족하는 법이 절대로 없어요. 무슨 일이건 당연하다고 생각하는 법도 없어요. 절대로 자신의 성공을 당연하다고 생각하지 않는 거예요."

테드 터너의 어린 시절에 가장 중요했던 인물은 전제적인 아버지 에드 터너였다. 당시 자수성가로 성공한 백만장자였던 아버지 에드는 사업부진에 신경쇠약으로 고생을 하고 있었다.

어느 상쾌한 아침, 아버지 에드는 사우스캐롤라이나주에 있는 자기 농장에서 아침을 먹고 나서 요리사를 칭찬한 후 휘파람을 불며 주(主)침실로 올라간다. 잠시 뒤에 그는 욕실에 들어가 38구경 연발 권총을 자기 오른쪽 관자놀이에 대고 방아쇠를 당겨 자살한다.

테드 터너는 돌아가신 아버지를 애도할 시간이 별로 없다고 판단했다. 24세의 대학 중퇴자인 그는 당장 아버지가 자살하기 전에 체결한 계약을 파기하는 일에 착수했다. 그는 '나는 슬펐고, 진저리가 났고, 굳게 결심했다'라고 당시를 회상했다.

수습하는 일은 쉽지 않았다. 매입자가 말을 듣지 않으려고 하자 테드는 회사의 옥외 광고판이 있는 곳마다 자신의 광고판을 세우는 방법으로 회사를 파산시키겠다고 협박했다. 이런 협박에 굴복한 매입자는 결국 회사를 되팔기로 동의한다.

살벌한 경쟁세계에서 터너 광고회사를 되살리기 위한 테드의 노력은 경탄할 만했다. 그 결과는 얼마 후부터 회사가 다달이 수익이 늘려나가게 된다. 초기의 동업자였던 제임스 로디의 말이다.

"어려움에 처한 회사를 구하는 과정에서 처음으로 그의 능력이 드러났습니다. 그는 직원들을 몰아대며 필사적으로 일했습니다. 그때가 그의 절정기였을 겁니다."

천부적인 사업가로서 테드 터너는 위험이 큰 사업 운영에서도 바람이 어디에서 부는지 감지하는 능력이 탁월했다. 그것을 행운, 본능 또는 비전이라고도 부를 수 있겠지만 어쨌든 테드는 주변에서 혹은 누군가에게 어떤 일이 불가능하다는 말을 들어도 앞서 나가 그 일을 해낸다. 그 대표적인 예가 CNN이다.

물론 테드 터너가 뉴스 전문 채널을 생각해낸 최초의 인물은 아니었다. 타임 주식회사 등 다른 유력 기업들도 오래전부터 이를 추진했지만 큰돈을 들이고도 실패한 후로는 몸조심을 하고 있었다. 그때 테드가 바람을 감지하고는 자신의 모든 재산을 걸고 앞으로 나가 1980년에 CNN을 출범시켰던 것이다.

한때 뉴스를 조롱하던 사람이 왜 뉴스 사업에 뛰어든 것일까? 공식적으로는 그는 이 사업이 다음번에 닥칠 큰 모험의 전초이기 때문이라고 말했다. 이해되는가? 그는 모험이기에 사업을 벌인다는 것이다. 그는 느린 말투로 이렇게 말하곤 했다.

"늘 나는 사업가라기보다 모험가라고 말하지 않았습니까? 나는 그 일이 가능한지 한번 알아보기 위해 CNN을 시작한 겁니다."

테드 터너는 당초 CNN이 그저 뉴스를 그때그때 신속히 보도하는 시시한(돈이 들기는 하지만) 사업일 거라고 생각했다. 그렇기에 방송을 세상 끝까지 내보내는 24시간 채널을 만들고자 했다. 메이저 3대 방송사(NBC, ABC, CBS)는 그런 방송이 성공할 거라는 확신이 없었다.

그 3대 방송사 중역들은 미국인들이 24시간 방송되는 뉴스에 별 관심이 없다고 주장했다. 그들은 '치킨 누들 네트워크(Chicken Noodle Network, CNN을 빈정거리는 말)'가 참담한 실패로 끝날 것이라고 예언했다. CNN 같은 방송 모델을 아주 부정적으로 본 것이다.

그런 예언이 들어맞기라도 하는 것처럼 CNN의 초기에는 방송사에 경험 많은 뉴스팀이 없었기에 실수가 많았다. 당시 방송사의 최고경영자인 테리 맥거크는 이렇게 말한다.

"당초 우리는 연간 운영 예산을 1,200만 달러로 잡았습니다. 개국 일주일 후에 우리는 예산을 1,800만 달러로 증액했고, 30일 후에 다시 3,000만 달러로 늘렸습니다. 결국 우리는 그해에만 무려 2억 5,000만 달러의 적자를 냈습니다."

그러나 테드 터너와 그와 손발을 맞춘 투지만만한 개척자들은 그대로 밀고나갔다. 테리 맥거크는 이렇게 회상한다.

"테드 터너는 조금도 흔들림이 없었습니다. 그는 이 일이 위험이 없는 멋진 덩크슛이라고 확신했습니다."

드디어 CNN이 명성을 확고하게 굳힌 1990년 걸프전 '사막의 폭풍작전'이 기다리고 있었다. 이때 전쟁을 마치 실황중계하듯 보도를 주도한 CNN이 주인공으로 화려하게 등장하고, 1991년 《타임》지는 테드를 '올해의 인물'로 선정한다.

공격적이고 적극적인 경영자로서 돈도 충분한 테드 터너는 여러 가지 취미 중에서도 땅을 사들이는 취미를 즐기고 있다고 한다. 그가 이 새로운 취미에 빠지게 만든 몇 가지 요인이 있다고 한다.

우선 대공황 시기에 미시시피의 면화농장을 처분해야 했던 할아버지에게서 물려받은 정신적 유산을 들 수 있다. 다음으로는 그가 가장 좋아하는 영화인 〈바람과 함께 사라지다〉에서 얻은 생각이다. 영화에서는 땅은 절대적인 것으로 묘사된다. 가령 스칼렛 오하라의 아버지는 딸에게 이렇게 말한다.

"땅은 이 세상에서 얻기 위해 노력하고 이를 위해 죽을 가치가 있는 유일한 것이란다. 오래 존속하는 것은 땅뿐이기 때문이야."

땅은 테드 터너에게 자신의 소원성취라는 측면도 있다. 그는 어린 시절 친구와 함께 어느 개인 소유의 섬을 무단 침입했을 때 이런 소원을 밝혔다고 한다.

"난 언젠가 다시는 남의 땅을 무단 침입할 필요가 없을 만큼 넓은 땅을 소유할 거야. 그때는 남의 땅을 밟지 않고 내 땅으로만 다닐 것이다."

테드 터너는 기존에도 조지아주와 플로리다주, 사우스캐롤라이나 주의 농장을 사들였고, 사우스캐롤라이나주 앞바다에 있는 섬도 소유하고 있었다. 그는 또 애틀랜타에 있는 부동산과 CNN 본사 건물의 옥상 주택도 소유하고 있었다.

그러나 이런 것들은 그가 1987년 서부의 매력에 끌리게 된 이후에 벌어진 사태에 비하면 한낱 장난에 불과하다. 테드의 본격적인 땅 매입은 그가 '바 논(몽땅, 전부라는 뜻)'이라고 부르는 몬태나주 빅스카이 지역에 있는 2만 3,000에이커의 땅을 사는 것으로 시작됐다.

10년 동안 1억 5,000만 달러를 투자한 결과 지금 그는 목장만 해도 몬태나주에 4곳, 뉴멕시코주에 3곳, 네브래스카주에 2곳이 있고, 아르헨티나의 안데스산맥에도 1만 1,000에이커의 땅을 갖고 있어 총 개인 소유 토지 면적이 135만 에이커에 달한다.

현재 테드는 미국 최대의 개인 토지소유자이지만 그의 땅 매입은 아직 끝나지 않은 현재진행형이다. 그는 말한다.

"어렸을 때 퍼즐놀이를 해본 적 있습니까? 우선 귀퉁이를 맞춘 다음에 가장자리를 잇고, 그 다음에 안을 채우게 됩니다. 그래서 나도 그동안 미국 양쪽 해안지방에서, 그리고 캐나다와 국경을 접한 몬태나주와 멕시코와 접한 뉴멕시코주에서 토지를 사들인 거지요. 대충 바깥을 맞췄으니 이제부터는 안을 채울 겁니다."

그의 철학이 보통의 평범한 사람들에게는 너무 황당하지만 테드 터너의 '돈에 대한 관(觀)'은 대단한 것이 사실이다. 그는 '누구나 살아가는 데 2억 달러(약 2,600억 원) 이상은 필요 없다'고 말한다. 입이 다물어지지 않지만 그는 한술 더 떠 그 이상의 남는 돈이 있으면 기부해야 한다는 것이 그의 지론이다. 어떻게 산출된 계산일까?

"가령 5,000만 달러를 들여 큰 집을 한 채 산다고 합시다. 그리고 2,500만 달러를 들여 해변과 산속에 집을 몇 채 장만하고, 2,500만 달러를 더 들여 제트기를 한 대 산다고 합시다. 1억 달러만 더 있으면 이 모든 것을 유지할 수 있습니다. 원금 1억 달러에 10% 이자면 1년에 1,000만 달러(약 130억 원)가 나오니까요. 그러니까 그 정도면 사는 데 지장없으니 누구라도 2억 달러 이상은 필요 없다는 겁니다."

자신이 원하는 대로 행동하고 하고픈 말을 참지 않는 그답게 거침이 없는데, 중요한 것은 테드 터너는 자기의 말을 실천에 옮기고 있다는 점이다. 독선과 오만처럼 보이지만 그는 19991년에 설립한 터너 재단을 통해 매년 5,500만 달러를 수천 가지 프로젝트에 지출하고 있다. 돈을 벌기만 하는 것이 아니라 쓸 줄도 안다는 것이다.

무엇이 이같은 박애정신의 물결을 불러일으켰을까?

테드 터너는 아버지에게서 깊은 영향을 받았는데 자기 아버지가 자살한 한 가지 원인은 목표가 너무 좁았기 때문이라고 믿고 있다. 아버지 에드 터너는 3가지 꿈(백만장자가 되는 것, 요트와 농장을 소유하는 것)을 실현하는 순간 미래를 상실한 인간이 되었다는 것이다.

그런 생각이기에 테드 터너는 자기의 삶에 열중하기 위해서는 도저히 이룰 수 없는 목표를 세울 필요가 있었다고 털어놓았다. 바로 이 때문에 그가 세계 평화와 같은 이루기가 거의 불가능한 목표를 설정해 놓고 있는 것인지도 모른다. 그는 살아남기 위해 목표를 필요로 한 것이다. 사업가로서 그는 어떤 경영원칙을 가질까?

첫째, 시장조사를 통해 숨겨진 수요를 찾는다.

테드 터너는 CNN을 경영하면서 심야 시간대에 토크쇼가 아닌 영화를 선호하는 사람도 있을 것이고, 일요일 아침에 예배 프로그램이 아닌 오락 프로그램을 보고 싶은 사람도 있으리라 판단했다. 그러고는 경쟁사 프로그램을 확인한 후 사람들에게 충분히 선택할 만한 대안을 제시해주었다. 그런 숨겨진 수요와 틈새시장을 찾은 결과는 CNN의 대성공으로 증명된다.

둘째, 상투적이지만 현금의 중요성이다.

테드 터너는 아버지 사후 빚투성이 회사를 지켜내는 과정에서 현금 대신 주식으로 지불하는 제안을 한다. 경영자 입장에서 부동산이 아무리 많아도 가용자금이 줄면 경영 압박이 거세진다. 그는 이때의 경험으로 현금의 중요성을 절감했다고 한다.

반면 투자자 입장에서는 똑같은 100만 달러라고 해도 현금과 부동산, 주식의 차이는 제각각이다. 누군가는 현금보다는 주식이나 부동산을 원할 수 있다는 뜻이다.

셋째, 최대한 많은 사람을 만난다.

텔레비전(CNN)의 미래 가능성을 예상한 그였지만 정작 세부사항은 알지 못했다. 방향에는 자신 있었으나 디테일에는 약했던 것이다. 이때 그는 지위를 막론하고 방송국 매니저를 비롯해 지역 경쟁사 관계자까지 두루두루 만났다고 알려져 있다.

그가 그렇게 많이 만난 것은 정보를 얻기 위해서가 아니었다고 한다. 정보는 다른 매체를 통해서라도 얼마든지 알 수 있었다. 그보다 더 중요한 것은 바로 지금 자신이 상대에 비해 얼마나 형편없는지를 깨닫는 일이었다. 일반적이지 않은 그만의 경영철학이다.

넷째, 이끌거나, 따르거나, 비켜서라.

테드 터너는 그를 상징하는 명언이기도 한 '이끌거나, 따르거나, 비켜서라(Lead, follow, or get out of the way)'를 제대로 지켰다. 예컨대 대개 get out을 해고로 해석하기 쉬운데 현대 경영에서는 리더와 팔로워의 관계에서 접근할 필요가 있다는 것이다.

기업의 리더는 누구인가? 형식적으로는 오너다. 하지만 회사가 어느 정도 크면 전문가에게 맡겨야 한다. 오너가 모든 일을 할 수는 없기 때문이다. 때로는 팔로워의 위치에서 직원 의견에 경청하고 인정할 수 있는 모습이 필요한 것이다.

이쯤에서 테드 터너의 이해를 위해《리더스 다이제스트》지의 데일 밴 애타 기자와 했던 인터뷰 'CNN 창설자 테드 터너의 꿈과 도전'의 일부를 소개한다.

지나친 공적 활동 때문에 '남부의 대변인'이라는 빈정거림까지 받는 테드 터너는 크게 과소평가되고 있다. 무모해 보이는 겉모습을 한 꺼풀 벗겨보면 그는 텔레비전 산업을 변모시킨 빈틈없는 개척자이며 몽상가이기도 하다. 그는 CNN을 통해 전 세계에 뉴스를 전하는 통로를 만들어냈을 뿐 아니라 사건 자체를 만들어내는 강력한 힘을 창조했다.

다른 사람들 같으면 그 정도로 만족했을 것이다. 그러나 터너는 만족하지 않았다. 그는 스스로를 끊임없이 개혁함으로써 다른 사람들 같으면 여러 세기가 걸렸을 업적을 이룩했다.

본명이 로버트 에드워드 터너 3세인 그는 '과장이 심한 열정 덩어리'이
다. 그에게는 따분한 것이 가장 큰 죄악이다.

인터뷰 도중에 그가 비서에게 최근에 자기가 어느 대학에서 받은 표창
장을 가져오라고 이른다. 그는 손님에게 그 표창장을 읽어보라고 한다.
손님이 표창장의 구절을 암송하듯 읽는다.

"오늘 본 대학은 귀하를 사업가, 요트맨, 환경운동가, 농장주 및 자선가
로 성공하게 만들어준 비전과 모험심, 그리고 결단력에 경의를 표하는
바입니다."

"그 정도면 됐어요."

그가 벽에 걸린 수많은 상장과 표창장들을 눈여겨보며 말한다.

그 밖에도 수십 개의 요트경기 트로피, 월드시리즈 다이아몬드 반지 등
엄청난 업적을 이룬 기념물들이 있다. 방문객의 요청에 따라 얼른 컴퓨
터를 두드려 보더니 자기 소유의 주식값이 지난 한 시간 동안 0.25포인
트 올라 재산이 60분 전보다 1,250만 달러 더 많아졌다고 말한다.

이어 그는 자기가 성공을 거둔 직업들을 열거한다.

"나는 세계에서 가장 위대한 요트맨이었소. 나는 세계에서 가장 훌륭한
기업인이 될 겁니다. 또 세계에서 가장 위대한 환경운동가가 될 겁니다.
나는 개인이 한평생에 이룩하는 업적에서 사상 최고 기록을 수립할 작
정입니다. 그렇게 해서 알렉산더 대왕, 나폴레옹, 간디, 예수, 모하메드,

부처, 워싱턴, 루스벨트, 처칠과 견줄 만한 훌륭한 인물이 될 겁니다."

이게 진담일까? 그를 잘 아는 사람들은 분명히 진담이라고 말한다.

나이를 먹어갈수록 철학적, 자기 반성적 인간이 되어가고 있는 테드 터너는 요트맨, 환경운동가, 농장주 겸 자선가 등으로 큰 족적을 남긴다. 기자가 그에게 지난 업적을 돌이켜볼 때 묘비에 무어라고 적기를 바라느냐는 질문을 했을 때 터너는 어떻게 답했을까?

사실 그 질문은 어떤 업적이 보람 있었고, 어떤 추도사로 애도받기를 바라느냐는 것이었다. 흔히 할 수 있는 질문이었으나 그의 대답은 일반적이지 않았다. 테드 터너는 이렇게 대답한다.

"오래 전 러시아 〈프라우다〉지에서 온 기자도 같은 질문을 했었소. 나는 마침 모스크바의 호텔방에 있었는데 그때 방문에 걸린 팻말(깨우지 마시오)이 눈에 띕디다. 그걸 보고 나는 묘비에 그렇게 적었으면 한다고 대답했었지요. 하하하….."

그러면서 지금 더 좋은 것이 떠올랐다고 기자에게 말했다.

"그때 호텔방에서 '깨우지 마시오'라고 했었는데 지금 동일한 질문을 받고 생각해보니 그것에 덧붙여 이 문구도 새기면 더 좋을 것 같군요. '더 할 말이 없다.'"

중앙경제평론사 Joongang Economy Publishing Co.
중앙생활사 | 중앙에듀북스 Joongang Life Publishing Co./Joongang Edubooks Publishing Co.

중앙경제평론사는 오늘보다 나은 내일을 창조한다는 신념 아래 설립된 경제 · 경영서 전문 출판사로서
성공을 꿈꾸는 직장인, 경영인에게 전문지식과 자기계발의 지혜를 주는 책을 발간하고 있습니다.

억만장자 12명의 비밀

초판 1쇄 인쇄 | 2023년 11월 23일
초판 1쇄 발행 | 2023년 11월 28일

지은이 | 김정수(JyungSoo Kim)
펴낸이 | 최점옥(JeomOg Choi)
펴낸곳 | 중앙경제평론사(Joongang Economy Publishing Co.)

대   표 | 김용주
책임편집 | 한옥수
본문디자인 | 박근영

출력 | 영신사   종이 | 한솔PNS   인쇄 · 제본 | 영신사

잘못된 책은 구입한 서점에서 교환해드립니다.
가격은 표지 뒷면에 있습니다.

ISBN 978-89-6054-325-6(03320)

등록 | 1991년 4월 10일 제2-1153호
주소 | ㉾ 04590 서울시 중구 다산로20길 5(신당4동 340-128) 중앙빌딩
전화 | (02)2253-4463(代) 팩스 | (02)2253-7988
홈페이지 | www.japub.co.kr 블로그 | http://blog.naver.com/japub
네이버 스마트스토어 | https://smartstore.naver.com/jaub 이메일 | japub@naver.com
♣ 중앙경제평론사는 중앙생활사 · 중앙에듀북스와 자매회사입니다.

도서 주문	www.**japub**.co.kr 전화주문 : 02) 2253 - 4463	https://smartstore.naver.com/jaub 네이버 스마트스토어

중앙경제평론사/중앙생활사/중앙에듀북스에서는 여러분의 소중한 원고를 기다리고 있습니다. 원고 투고는 이메일을
이용해주세요. 최선을 다해 독자들에게 사랑받는 양서로 만들어드리겠습니다. **이메일** | japub@naver.com